逻辑说服学

孜木——著

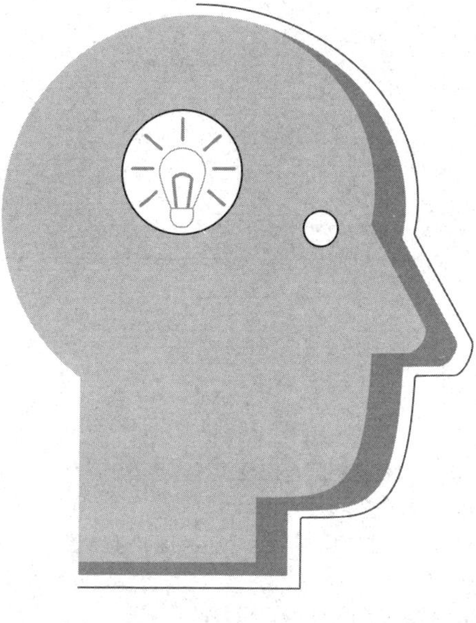

民主与建设出版社
·北京·

图书在版编目（CIP）数据

逻辑说服学 / 孜木著 . — 北京 : 民主与建设出版社，2019.8
ISBN 978-7-5139-2224-1

Ⅰ . ①逻… Ⅱ . ①孜… Ⅲ . ①说服－语言艺术－通俗读物 Ⅳ . ① H019-49

中国版本图书馆 CIP 数据核字（2019）第 175045 号

逻辑说服学
LUOJI SHUOFUXUE

出 版 人　李声笑
著　　者　孜　木
责任编辑　吴优优
特约编辑　胡雅淳
装帧设计　尧丽设计
出版发行　民主与建设出版社有限责任公司
电　　话　（010）59417747　59419778
社　　址　北京市海淀区西三环中路 10 号望海楼 E 座 7 层
邮　　编　100142
印　　刷　大厂回族自治县彩虹印刷有限公司
版　　次　2019 年 11 月第 1 版
印　　次　2019 年 11 月第 1 次印刷
开　　本　880mm × 1230mm　1/32
印　　张　6
字　　数　110 千字
书　　号　ISBN 978-7-5139-2224-1
定　　价　39.80 元

序言
PREFACE

很多人也许不知道，说服过程中需要用到很多逻辑学的知识。实际上，我们身边有很多人都会不自觉地展现出许多看似矛盾的逻辑天赋。学术科学上如此，生活中的例子更是数不胜数。

你如果对此有所怀疑的话，我们不妨看几个例句。

“这种做法我觉得有好处，但也有坏处。”

“我觉得你对待别人的方式有好的地方，也有不好的地方。”

“这篇文章的观点不能说是全面的，也不能说是片面的。”

人们在不想做出决定或是犹豫不决的时候，常常会用这种模棱两可的语言来敷衍。面对这样的语言，很多人觉得非常头痛。其实，这就是因为人们的语言逻辑有问题。当你想要说服别人的时候，如果也让人产生模棱两可的感觉，那么说服工作往往会面临失败的局面。

当然，沟通中常见的逻辑谬误并不仅限于上面提到的“和稀泥”，还包括混淆概念、偷换概念、拐弯抹角等。

虽然没有逻辑学的优秀基因，但在沟通的过程中，掌握逻辑学是无比重要的。不懂得逻辑，我们就无法问出自己想要知道的信息，无法成功说服固执的朋友，也无法赢得辩论，更无法识别那些常见的逻辑陷阱。所以说，我们很需要掌握强大的逻辑操控力。

在大学里修过逻辑学的人都知道，逻辑是一门很难的学问。但是，这并不意味着我们无法掌握其中的真谛。逻辑说服学是一门学问，更是一种艺术，通过后天的学习和锻炼，我们完全可以让自己变成逻辑说服的高手。

下面，给大家总结三点后天学习逻辑的建议，希望对你接下来的阅读以及练就强大的逻辑操控力有所帮助。

第一，消除逻辑很难学的思维定式。

参加过一次逻辑研讨交流课后，王先生说："听完这节课我最大的收获就是，原来通过后天练习，逻辑也是可以锻炼出来的。"

其实，王先生在那堂课上的表现非常一般，他并没有特别扎实的逻辑基础，在课堂上也没有特别精彩的发言，但是最后王先生明白了"通过后天练习，逻辑也是可以锻炼出来的"这个道理。明白了这点，这堂课对他来说就已经超值了。

第二，遵循万能的逻辑学技巧。

坚持逻辑学中的万能沟通法，即"说话的内容，概括+总结，理由+论据"，以便让自己的语言更具有条理性、说服力。

第三，不放过任何一个锻炼的机会。

在生活中学习逻辑学，有的人可能会说"没有练习的机会啊"。其实，只要你细心寻觅，很多场景都能成为逻辑练习的时机，比如和你吵架的对手、跟你辩论的同事、需要你说服的亲朋……都能成为你最好的逻辑学上的指导老师。

逻辑说服学是一门看似高深却并不高深的学问，当你掌握要旨并能灵活运用时，就会愉快地发现，说服别人是一件非常简单的事情。这是因为，有了逻辑思维的帮助，你的思路会变得更加清晰，头脑会变得更加灵活。所以，想让自己的说服更有效，想让自己的说服能力更强大，你就要掌握逻辑说服这门学问。

目录
CONTENTS

Part 01 无法说服别人，也许是逻辑出了错

Part 02 精心准备，随时开始你的逻辑说服

Part 03 瞬间支配，用逻辑改变对方的思维方式

Part 04 共享信息，做懂逻辑的“泄密者”

Part 07 避开逻辑陷阱，说服起来更有效

Part 08 不同场景，逻辑说服的高效实用战法

附　录 语言逻辑训练，培养沟通感很重要

Part 01 无法说服别人，也许是逻辑出了错

生活中，我们总是想说服别人，想让别人接受我们的意见、建议、主张和批评；我们费尽心力，就是想让别人相信我们所说的话是对的。可是结果总难如愿，许多人讲了一箩筐的话，却总是竹篮打水一场空，毫无效用。为什么会这样？也许是因为我们说话没有逻辑惹的祸。

模棱两可的话，让人摸不透心思

先来看看下面这几个例子：

“你开车不要那么快，出了车祸怎么办？但是也不能这么慢吧，我都要迟到了。”

“我是说过这水的温度不要太高，但是也不能这么凉吧。”

“看这个人的打扮像是个学生，可是再看看又不像是个学生。”

“你看我刚才做的这个策划是挺好的，仔细看看也不是很好。”

仔细品味上面这些话，这种模棱两可的说话方式经常让我们感到头疼。开车不能太快也不能太慢，到底是快还是要慢，中等速度到底是什么速度？水温不能太高，也不能太低，到底多少才合适呢？每当听到这样的话时，是不是就会产生疑问，说话者究竟在表达什么意思呢？

想必你也经常说类似的话，现在回想起来，你是否觉得“这些话确实像是有问题”？其实，这句话同样模棱两可，是“确实有问题”还是“像是有问题”呢？很多人习惯在肯定一件事情的同时也否定这件事，到最后，倾听者也不明白到底是肯定还是否定，似乎理解为肯定和否定都是对的。所以，说话的模棱两可才是我们说话逻辑错误的真凶。语言逻辑专家提出，要应对生活里模棱两可的逻辑错误，可以从以下三点入手。

1. 立场要明确，切忌“都可以”

第一个成功应对模棱两可的方法是要明确自己的立场，请看下面的事例。

方涛是公司业务部的小领导，业务做得很不错，但在公司里有一个外号叫“差不多先生”，别人跟他沟通的时候，他最喜欢说的就是“差不多”“都行”，总是让人无所适从。

有一次公司的后勤部要大批量地给公司购置一批必需品，因为方涛申报了一批纸张，所以采买部门的同事就来问他到底需要哪种纸，方涛依然回答：“差不多的，都行。”

“什么叫都行啊？这纸有很多呢，你是要宣纸还是要一般的纸，还是卫生纸，还是砂纸？这纸的种类太多了，你不说我们怎么知道呢。”负责采买的同事着急了。

“都行，都行，只要是书写纸你就看着买吧。”

“你别呀，书写纸也分型号的啊，有十六开的，三十二开的，你到底是要什么规格的呢？”

“都行，你就看着办吧。”方涛说完就去忙别的事情了，负责采买的同事很是无奈。大家以为他就是复印材料什么的，所以买了很多十六开的白纸，结果方涛看见立刻翻了脸。原来起因是公司为了活跃气氛，让他搞个活动出来，他本来想组织一次毛笔字大赛的，需要宣纸，不想全买成了这种纸。

面对他的责难，负责采买的同事也很无辜："别说我没问过你，是你自己说都行的。"

从事例中就可以看出方涛做事不牢靠，他的立场不明确，自己要用纸，却不跟同事说清楚，导致买错了。在平常说话时，我们也经常会说"差不多""都行""都一样""都可以"，但其实真的如此吗？也许你心里早就有了主意。

不管对人对事，你一定要有明确的立场，说一是一，只有明确了自己的立场，才能避免发生模棱两可的逻辑错误。

2. 言辞要准确，少用中性词语

第二个避免"模棱两可逻辑错误"的方法是在说话中使用准确的言辞，少用中性词语。汉语的大部分词语都有词性之分，所有的词语按照词性都可以分为褒义词、贬义词和中性词。所谓中性词，可以说是一种万能的词语，这类词语既不是褒义词也不是贬义词，有时能用作褒义词，有时又能用作贬义词。但是，这类词语不带感情色彩，很容易被人曲解，而且这类词语的使用很宽泛，换了语境意思就不同了，很容易产生歧义。所以，这类词语很容易惹出祸事。

夏宇和赵越一起参加一个比赛，结果夏宇得了奖，赵越却没有得奖，但是因为两个人同在一家公司，尽管赵越没有拿奖，他也很替夏宇高兴。在众多同事面前，赵越一直沉默不语，忽然有一位同事问：“赵越，你觉得夏宇这次拿奖怎么样呀？”

赵越说：“我很高兴啊，每次一看到夏宇，就有很骄傲的感觉。”这句话刚好被经过的夏宇听见，他顿时阴了脸，同事也觉得赵越这人太不会说话了。其实赵越的意思是夏宇拿奖，他为他感到骄傲。而大家和夏宇则理解成，赵越觉得夏宇拿了奖后有些骄傲了，应该谦虚一点。

“骄傲”就是典型的中性词，你看生活中的一句话就导致了误会。有时候其实自己的立场很明确，但是因为使用了一个中性词，就导致自己的话被别人误解了。为了避免这种情况的发生，我们要多使用感情色彩分明的词语，并尽量避免使用中性词语。

假如赵越把那句话中的“骄傲”换成“自豪”，把中性词换成褒义词，他的立场就非常鲜明了。

3. 学会总结，构建“逻辑铁三角”

避免“模棱两可逻辑错误”的第三招是要学会总结，让自己的语言像一个牢固铁三角让别人没有空子可钻。

大亮所在的公司要求全部员工都给公司提意见。于是大亮这样写道：“办公室的厕所总是没人打扫，在上班时常常闻到一股臭味，同事对此都有意见，另外，里面的垃圾桶也没有人清理，饮水机离办公区太远了，想喝水还得跑很远，非常耽误时间。还有厕所里的卫生纸总是空的，时而空时而有。窗户上面也太脏了，外面郁郁葱葱的树能够调节心情，可是就是因为窗户不干净，让人心情不好。”

是不是没有条理性？东一句，西一句，从厕所一下子跑到了饮水机，又从饮水机跑回了厕所。要是这样说：“办公室的厕所总是没人打扫，厕所里的垃圾桶也没有人清理，还有里面的纸也经常是空的。饮水机的距离有些远，喝水非常不方便。窗户外面的树都郁郁葱葱的，但是因为玻璃脏了，影响大家的心情。我的意见是，首先应该有人负责打扫厕所、倒垃圾和更换卫生纸，然后把饮水机的位置调整一下，最好离办公室近一些，最后就是可以组织大家擦擦玻璃。”

后面这段话和前面那段话意思其实一样，但是仔细看，后面的话加上了总结的话语，也具有了条理性，所以更容易让人接受。在日常生活中，我们要成为语言逻辑高手，就应该善于总结话语，让自己说话像是一个铁三角。在平时说话过程中，要注意把零散的词句总结得有条理性、有逻辑推导的过程，有中心思想，也有总结的结论，像一个铁三角那样牢固。这样才能在很大程度上规避模棱两可的逻辑错误。

不相干的论证，与胡说八道无异

阿Q是鲁迅小说中塑造的经典人物，他有一句名言：“凡尼姑，一定与和尚私通；一个女人在外面走，一定想引诱野男人；一男一女在那里讲话，一定要有勾当了。”阿Q的这种逻辑明摆着是乱点鸳鸯谱，将两件本来没有必然联系的事情硬推出一个结论。

尽管阿Q是一个愚昧无知的乡下人，可他在辩论中却常常“大获全胜”。此人有两个制胜法宝：一是精神胜利法；二是特殊的逻辑。有时，阿Q会仗着特殊逻辑的力量做出荒唐事来。当他去调戏静修庵的老尼姑时，口吐脏水说：“和尚动得，我动不得？”还有一次，阿Q到静修庵的菜园去偷萝卜，被老尼姑抓了现行，他却理直气壮地说：“这是你的？你能叫得它答应你么？你……”面对如此高妙的反问，有点理智的人都会哑口无言的。

阿Q的逻辑用三个字来概括就是“推不出”，就是从前提不能必然推出结论。在论证中，“推不出”的谬误叫作不相干论证，是指在论证的过程中所用论据不能论证论题，或者说论据与论题之间没有必然联系。

东郭先生的故事同样家喻户晓、人尽皆知，然而，人们通常忽略了这个善良迂腐的书呆子是用什么方法忽悠住赵简子的。

据马中锡的《中山狼传》记载，赵简子追不着狼，大发雷霆，“拔剑斩辕端”，威胁东郭先生道：“敢讳狼方向者，有如此辕！”吓得东郭先生跪倒在地。我们不清楚这个儒者的肚子里有多少墨水，但他居然能讲出一番道理来蒙混，他说：“鄙人不慧，将有志于世。奔走遐方，自迷正途，又安能发狼踪以指示夫子之鹰犬也？”于是，“简子默然”，查也不查一下，径自往别处追去了。

细看之下，原来东郭先生的遁词很有意思。所谓遁词，是指理屈词穷或不愿以真意告人时，用以支吾搪塞之语也。孟子说：“遁辞知其所穷。”东郭先生穷于应急的搪塞之辞，包含着明显的逻辑错误：用作论据的“奔走遐方，自迷正途”（远途奔波，迷失道路），跟论题“安能发狼踪”（不能发现狼的踪迹）间，并没有必然联系。

提出一个论题来，要证明它是正确的，就必须拿出真实的论据来佐证，做到言之有理、持之有故，进而确定论据与论题之间的逻辑联系，这就是论证。论证是推理的运用。如果想让论证合乎逻辑，则一定要遵守推理的规则。假如论据是真实的，而论据与论题之间又存在必然的联系，那么论题就得以证明。

就算东郭先生的“自迷正途”是真实的，以之为论据也还是推不出“安能发狼踪”。因为一个人不迷途也好，迷途也好，都是有可能“发狼踪”的。谬误如此明显，可惜豪放而又粗疏的赵简子不懂这道理，被东郭先生这个老学究给忽悠了。

一直以来，好色的人都被叫作登徒子，可是几乎没人知道登徒子先生是被冤枉的。冤枉登徒子的人是谁呢？自然是写《登徒子好色赋》的宋玉。下面，咱们就来看看宋玉是怎样抹黑登徒子的。

楚国大夫登徒子在楚王面前说宋玉的坏话，他说："宋玉这个人长得英俊潇洒，又能言善辩，最主要的是这个人贪恋女色，希望大王不要让他出入后宫。"楚王拿登徒子的话去质问宋玉，宋玉说："臣容貌俊美，是天生的；善于言词，是从老师那里学来的；至于贪恋女色，实在是没有这样的事。"楚王问："你说自己不贪恋女色，有什么理由吗？有理由讲就留下来，没有理由就离去吧。"

为了证明自己不好色，宋玉给出了下面的解释："天下的美女没有谁比得上楚国女子，楚国美女又没有谁能超过我家乡的女子，而我家乡最美丽的姑娘还得数我邻家之女。邻家之女，增一分太高，减一分太矮；涂上脂粉嫌太白，施加朱红嫌太赤；眉毛如翠鸟之羽毛，肌肤像白雪莹洁剔透；腰身纤细如裹上素帛，牙齿整齐犹如小贝；嫣然一笑，足可以迷倒阳城和下蔡一带的所有人。就是这样一位绝色女子，趴在墙上窥视臣三年，至今臣还没答应和她往来。登徒子却不是这样，他的妻子蓬头垢面，耳朵挛缩，嘴唇外翻而牙齿参差不齐，弯腰驼背，走路一瘸一拐，还患有疥疾和痔疮。这样一位丑陋的妇女登徒子都喜欢得不行，还生了五个孩子。请大王明察，究竟谁是好色之徒呢？"

就这样，宋玉赢得了楚王的信任，而登徒子则被冷落了。

宋玉的忽悠本领的确很高，他的一席话马上就让楚王相信他是不好色的，而认为登徒子是个实实在在的好色之徒。其实，如果仔细分析宋玉的话，我们就会发现，他所列举的理由虽勉强可以证明自己不好色，却无法证明登徒子好色。登徒子不弃丑妻，生了五个孩子，这跟他是否好色并没有必然的逻辑关系。结婚生子乃天经地义、人之常情，这怎么能说明登徒子好色呢？宋玉的辩解显然是存在“不相干论证”的谬误。

概念混淆：你和对方说的不是一码事

所谓概念，即思维的细胞，是反映对象本质属性的思维形式，是认识过程中的阶段。思维想要正确地反映客观现实，概念就必须是清晰的、辩证的、富于逻辑性的。概念不仅是主观性与客观性、特殊性与普遍性、抽象性与具体性的辩证统一，而且还是富有具体内容的、有不同规定的、多样性的统一。

一般来说，概念要借助语词来表达。词义有表达概念的作用，并存在一词多义和一义多词的现象，所以概念和语词的关系非常复杂，一旦用词不当，很容易造成概念方面的逻辑混乱。于是，某些人就闹出了一些笑话。

对概念的错误运用在生活中屡见不鲜，概念混淆和偷换概念便是最常见的两种。这些似是而非的逻辑论调，常常让人啼笑皆非。

混淆概念，指在同一思维过程中，无意识地将某些表面相似的不同概念当作同一概念使用，或在不同意义上使用同一概念而犯的逻辑错误。具有相对意义的词项，假如混淆了所相对的范围、论域或语境，也会造成概念混淆。

概念混淆通常是由认识主体对概念本身认识不清或逻辑知识欠缺而造成的。比如：

这门课程真没意思，我一点儿都不想学。

他一有空就上网玩游戏，从不浪费一分一秒。

这两句话都犯了混淆概念的错误。第一句中，“课程”本是一个集合概念，但这里却被当作非集合概念使用；第二句中，“浪费”是指消耗有价值的东西或有意义的事，而“玩游戏”则多指无价值的东西或无意义的事。

在《韩非子》中，有一则关于“卜子之妻”的故事：

郑县人卜于使其妻为袴（做裤子），其妻问曰：“今袴何如？”夫曰：“象吾故袴。”妻子因毁新令如故袴。

这则故事中，卜子说的“象吾故袴”是指在样式上和以前的旧裤子一样，而其妻子却理解为要跟旧裤子一样破旧。于是，妻子把一条新裤子弄成了旧裤子，闹出了一个大笑话。

由于对比较接近的事物和现象的概念在内涵和外延上存在辨别障碍，所以很容易犯概念混淆的逻辑错误。如果想避免概念混淆，就要准确把握所使用的概念的内涵和外延，且注意对同音异义和近义词的区辨。只有严格区分易混淆的概念，并且根据上下文的语境恰当地使用语词，才可能避免混淆概念。

概念混淆的例子有很多，比如：“所有的狼都有锋利的牙齿，拔光了牙的狼是狼，所以，拔光了牙的狼是有牙的。”这句话前后明显是矛盾的。为什么会产生自相矛盾的错误结论呢？原因在于两个前提中都出现的语词“狼”是有歧义的。在第一个前提中，语词“狼”是就狼之所以为狼应当是有锋利的牙齿的这个意义而言的；在第二个前提中，则是就狼的一种特殊情况，即对被拔掉了锋利牙齿这个意义而言的。因而“狼”这一语词在这一推理中出现了非常明显的歧义。正是这种歧义造成了上述推理结论的错误。这是一个非常简单的例子，我想大家通过它能更加清晰、直观地了解歧义产生的原因。在生活中，我们遇到的实际问题肯定要比这个例子复杂得多。

具有相对意义的词项，假如混淆了其所相对的范围或语境，也很容易造成歧义性谬误。比如：蚯蚓是动物，所以，大蚯蚓是大动物；这是一条小蛇，而那是一条大蚯蚓，所以，这条小蛇要比那条大蚯蚓小。这里，“大”与“小”是相对而言的，假如把这种相对概念“大”“小”理解成绝对化的“大”“小”，就会犯歧义性的逻辑谬误。

除了上述的例子之外，还有一些其他的情况，比如：误用近义词造成概念混淆；误用同音字造成概念混淆；把两个表示不同时间的概念混淆；把反映事物的具体内容的概念混淆为事物本身的概念；同音异形的概念混淆；对象的概念混淆。

概念偷换："跑题"让说服失去意义

对语言逻辑高手来说，在叙述自己对某件事情的意见或者看法时，思维总是确定、统一的，概念一般不会发生偏移，听者也听得明明白白。然而在现实生活中，情况却并非如此。人们经常会在言语中"偷换概念"，有的人甚至是这方面的高手，比如明朝的大才子唐伯虎。

明代有一大户人家的老夫人过八十大寿，儿孙为了热闹，特意大摆筵席，并请来了大才子唐伯虎。酒足饭饱之后，主人郑重其事地请喝得醉醺醺的唐伯虎题字，为老母亲做纪念。

唐伯虎笑笑点了点头，管家赶紧奉上文房四宝，宾客们听说唐伯虎要题字，都聚过来凑热闹，围了个里三层外三层，只见唐伯虎大笔一挥，写下这样一句话：

"这个婆娘不是人。"

围观的宾客们都愣了，站在旁边的主人也变了脸色，老奶奶的儿孙们撸起了袖子，想要上前"理论"一番，老夫人却笑盈盈地说：“不碍事，且让他写下去罢。”

只见唐伯虎又挥毫写下：

“九天仙女下凡尘。”

于是众人大喜，主人也露出了笑容，称赞唐伯虎构思巧妙。唐伯虎又写下第三句：

“儿孙个个都是贼。”

刚才还哈哈大笑的宾客们，一见到这句话都停了下来，主人的脸色也很难看，儿孙们都对着唐伯虎摩拳擦掌，最后还是老夫人制止了他们。唐伯虎喝了一口酒，继续写：

“偷来蟠桃奉至亲。”

于是声乐大起，主人双手接过唐伯虎的墨宝，连声致谢。

上面的例子中，机智过人的唐伯虎巧妙地偷换了“不是人”与“仙女”，“贼”和“偷桃孝子”的概念，使得宾主尽欢。偷换概念用得好是可以制造幽默，但运用不当也会带来笑话和欺骗。

大街上，一个“大学生”跪在路边，胸前挂着一块大牌子，上面写着：“求两块钱上大学。”

他身前的地面用粉笔写着大家早就熟悉的经历：原本家庭贫困，可屋漏偏逢连夜雨，父母双亡，考上了某某名牌大学但是无力负担学费、生活费，好不容易凑了一点点，却仅差两元钱，希望好心人慷慨解囊。

一个愣头愣脑的年轻人恰巧经过，他跑到“大学生”的跟前，涎着脸问：

“只差两块钱，你就能上大学了？”

“大学生”没有说话，默默地点了点头。

年轻人见状，笑眯眯地掏出四块钱，说：

“我多给你两块，也让我一起上大学吧？”

尽管这个故事只是一个笑话，但是我们可以轻易地看出，这个愣头愣脑的年轻人犯的就是偷换概念的错误。谁都知道，“只差两块钱就可以凑够学费”并不等同于“只要有两块钱就能上大学”。混淆了这两个概念，会给人诡辩的感觉。

遇到偷换概念的情况，语言逻辑高手总是能巧妙地识别出来。而普通人在柴米油盐的生活中，却很容易就被他人的概念偷换所影响，稀里糊涂的上当。我想，也许是大家对偷换概念还不是非常清楚，下面就给大家讲解一下。

按照逻辑思维的要求，说话或者论辩中的概念都应该保持统一，由于辩论和言语具有思想的自由性，因此，说话者通常可以自己设置规则，来改变其中的游戏玩法。偷换概念正是由于说话者、辩论者趁对方不注意换掉了原来的说法的概念，而导致了逻辑错误，想借机蒙混过关，扰乱对方关于某件事情的判断。

我们可以用一个很简单的比喻来给偷换概念下定义。刚开始，对方在你面前放出了一只兔子，你看着兔子钻进了树洞，出来了一只土拨鼠，土拨鼠爬上了树，树上原来有五只鸟儿，然后对方问你，这种情况下，树上还有几只鸟。当你绞尽脑汁地思考树上的鸟儿还剩下几只的时候，对方就偷偷笑了，因为你忽略了重点，兔子怎么会变成土拨鼠呢？

在生活中，只要我们一个不留心，兔子就被替换成了土拨鼠。类似这种偷换概念的现象简直太多了，而且防不胜防。

概括来说，假如概念本身的意思被替换掉，它的修饰词、应用领域和所指代的目标、对象等都会发生改变，这种现象就是“偷换概念”。偷换概念常常跟诡辩联系在一起，是一种蒙蔽他人的重要手段。

在语言逻辑高手面前，诡辩家们通常都会无计可施，因为他们惯用的技巧就那么几种，只要多用心就能识破。接下来，咱们就揭了诡辩家的底，看他们是如何成功偷换概念的。

很多情况下，诡辩家们在偷换概念之前就已经给你设了套，先入为主地设想正常人的思维，模糊对象的性质。

比如“苹果作为蔬菜，是炒着好吃还是蒸着好吃”这个问题，它的前提就已经是默认“苹果是一种蔬菜”。你在思考到底选择哪种做法的时候，就已经不知不觉地钻进了对方设下的圈套。请看下面这个例子。

一个青年人向远近闻名的智慧老人请教，“请告诉我，到底什么是诡辩？”

老人笑着让青年人坐下，然后问：“假设沙漠里有两个行人，一个灰头灰脸，一个干净整洁，当遇见绿洲的时候，你认为谁会去洗脸呢？”

青年人不假思索地回答道：“当然是那个灰头灰脸的家伙了。”

“你错了，应该是干净整洁的那位会去洗脸。因为爱干净的人不管身在何处都要求干干净净的，而邋遢的人情愿像猪一样赖在泥地中，也不会去把脸洗干净。你好好想一下，到底谁会去洗脸呢？”

“那位干净的。”

“你又错了，应该是灰头灰脸的那个人。干净整洁的那位不需要再去洗一把脸了，而脏兮兮的那个却很有必要。有需要就会有动力，这是做事的惯常道理，难道不是如此吗？”老人微笑着继续说道，“你再想想，是不是那位灰头灰脸的家伙会去洗脸呢？”

“就是这样。”青年人满怀信心地说道。

“你又错了，年轻人。既然干净整洁的人有洗脸的习惯，灰头灰脸的人有洗脸的需要，那么两个人应该会一起洗。那么，你再说说，是不是这两个人都会洗脸？”

“是这样吧。”青年人已经没有底气了。

“还是错，两个人都不会去洗脸，因为干净整洁的人没必要洗脸，而脏兮兮的人不喜欢洗脸。”

青年人已经懵了。这时候，睿智的老人对他说：“瞧，这就是诡辩。”

在上面的例子中，我们可以见到，智慧的老人不停地给青年人假设前提，而且一直在偷换概念，导致作为听话者一方的青年人失去判断力，一次又一次地掉入他的语言逻辑陷阱。那么，当我们遇到这种情况的时候，该如何回应呢？

1. 留个心眼，搞明白概念的含义

在交流的过程中，概念含义非常重要，假如一词多义，就很容易带来不必要的麻烦。如果想让诡辩家的伎俩无法施展，就要提前留个心眼，先仔细听清楚对方到底在说什么，把对方提到的概念牢牢记住，然后再跟对方明确一下是否是这个意思，并确定以后提到这个词时也是同样的意思。这样才能使对方的诡辩不攻自破。假如不确认复杂概念的确切含义，你就很容易落入圈套。

2. 设定前提，不给对方“跑题”的机会

逻辑说话都会有明确的逻辑主语，假如说话者口中的对象出现了偏移，那么就很容易出现“跑题”，主语或者指向对象可能正在被转移。此时，我们一定要跟说话者明确逻辑主语，等得到了对方明确的答案以后，我们必须给对方加个前提，限制概念使用的范围，以防止对方有机可乘。

比如上文提到的诡辩家的例子，青年人其实可以跟智慧老人先确认一个前提——老人所说的“谁会去洗脸”，是谁需要洗脸，还是谁会按照个人习惯去洗脸。只要得到了明确的前提，那么就很容易得出正确的答案，也不会一再陷入对方的逻辑陷阱了。

中国人都很喜欢“偷换概念”，他们觉得这种方式不仅能够彰显自己的智慧，博得他人的赞赏，还可以隐藏自己的小阴谋，让别人在文字游戏中上当。因此，我们很有必要学会辨识，这样才能在应用时得心应手，不误人也不误己。

概念模糊：抽象描述“画”不出事实真相

自古以来，人们就喜欢提出一些模糊不清的概念。比如，孟子说“吾善养吾浩然之气”，其中的“气”到底是什么呢？老子说“道可道，非常道，名可名，非常名”，其中的“道”和“名”又指的是什么呢？追究起来，不管是“气”、“道”还是“名”，其概念都是模糊不清的。即便是到了现在，也没有谁能给它们一个确切的定义。

古时候的人们不探求事物的本质有两方面原因，一是当时的经济水平较低，受条件局限的人们没有办法通过先进的技术去获得关于事实的真实信息；二是说话的习惯，模糊概念，故意留白，意在给人无穷的遐想，使得答案丰富多彩。

到了现代，这种状况也没有发生什么变化，不过是场景和地点变化了。如前几年红极一时的“小明体”，就是一个这方面的典型例子。

小明去给领导送礼。

领导问：“小明，你这是什么意思？”

小明答："没有什么意思，就是意思意思。"

领导说："你这样就不够意思了。"

小明说："这只是小意思，小意思啊。"

领导又说："小明，你这人还挺有意思。"

小明赔笑："我没有其他意思。"

领导笑了："我就不好意思啦。"

小明说："我才不好意思。"

明明是在行贿，但是双方都没有明白地说出来，到底"意思"是什么"意思"也没说清楚，很像在打哑谜。在特定的场合中模糊概念，往往是为了掩人耳目。如果在日常生活中模糊概念，往往会给自己惹来麻烦，造成不必要的误解。

为了不犯"模糊概念"的错误，我们先来解释一下什么是模糊概念。在思维过程中，人们所提及的概念应该有准确的范围和含义，概念之间也要有确切的关系，但是，有些思维过程中却出现了模糊和错乱的现象，这种现象大量地存在于我们的观念、看法和意见之中。概括来说，模糊概念就是对象性质、范围及相互关系不确切、不明朗的现象。

一般情况下，概念在特定的氛围、场合等都具有明确的外延，比如一个人的身高、体重、收入等，这些概念都有明确的范围。而具体的身高、体重、收入，都有着明确的数字来限制其范围。但是假如我们用下面的字眼进行描述，那么听话者就糊涂了。

“这个人长得挺高的。”

“这个中年男子还是蛮重的。”

“小王的收入处于中等水平。”

不难看出，在上面的例子中，“长得挺高的”这句话并不明确，不知道到底是多高，而“蛮重”究竟是多重，也没有一个清楚说明。“中等水平”看似没有破绽，其实不然，因为各个国家地区，甚至同一个国家的不同城市，对于中等收入水平的划定都不尽相同。因此，在语言逻辑高手看来，这些具有相对意义的词语，稍不注意就很容易造成概念的模糊。

要判断某段语言是否存在概念模糊的问题，其实很简单，假如一个人没有讲明白他所要阐述的东西，使听者想到了其他事物时，我就可以说出现了概念模糊。至于克服模糊概念的话语逻辑问题，就得先弄明白它是怎么来的。概括来说，概念模糊发生的情况通常有以下两种。

第一，是概念本身导致的。世界上的事物是丰富多彩的，就因为它是丰富多彩的，所以我们无法主宰其含义的复杂和变化。比如，人口到底是多少，假如没有限制一定的时期，我们是没有办法确定它的总数的，因为人口的数目总是在不断地增长；再比如，人的健康状况，此刻还活蹦乱跳的人，可能下一秒就被检测出身患顽症。

第二，就是上文提到的，一些概念本身具有相对的含义，其范围具有不确定性，比如体重和身高等等。

在沟通的过程中，假如不注意概念本身的模糊性，很容易在话语中犯下逻辑错误。我们来看一个典型的案例。

世有伯乐，后有千里马。伯乐本名叫作孙阳，是春秋时代一个非常出名的相马之人。伯乐有了儿子以后，很想把相马的本领传给自己的后代，于是每天潜心教诲。转眼间儿子长大了，伯乐觉得儿子学得差不多了，就让他出去寻找千里马。

儿子临行前问伯乐：“到底什么是千里马呢？”

伯乐笑着说：“你看有着隆起的额头，突出来的眼睛，脊骨弯曲，而且会叫善跳的就是了。”

儿子高兴地点了点头，找千里马嘛，太简单了。于是，他背着行李出发了。

伯乐的儿子在外面游荡了一年，四处寻找着千里马，他去过很多著名的地方，可还是没有找到伯乐所说的千里马。一个夏日的晚上，伯乐的儿子因为走得太晚，没有地方可以投宿，于是在就近的荷塘边休息。听着荷塘的蛤蟆叫声，伯乐的儿子若有所思地起身看，然后喜出望外地说：“真是踏破铁鞋无觅处，得来全不费工夫哇！”于是，他捧了一只蛤蟆高高兴兴地回家了。

到了伯乐的跟前，儿子兴高采烈地说：“父亲你看，这莫不是隆起的额头，突出来的眼睛，脊骨弯曲，而且会叫善跳的千里马嘛！”

伯乐看着蛤蟆，不知该哭还是该笑。

在这个例子中，其实伯乐并没有准确描述“千里马”的范围，只是对“千里马”的外形和特点做了解释。伯乐的儿子在不了解概念的情况下，犯了模糊概念的错误。

正因为在话语逻辑的过程中可能会出现模糊的概念，所以我们要听话有术，仔细听出一些具有相对含义的概念，并根据这些概念进一步提问，以避免出错。当然，光能听懂还不够，我们还要能表达清楚。

按照话语高手的逻辑，现实生活中的人对于某一件事物的认识过程总是要受到各种内外因素的影响，比如主体的心情、外在的情境等。作为人们思想的载体，语言可以在一定程度上表达说话者内心的想法，使得说话者“发乎情，言于外”。但是，谁都可能会碰到词穷的情况，言语并不是随时随地能传达说话者真正的意思。因为话语好比舀水的瓢子，而事物的性质和状况就像一望无际的大海，话语能够舀越来越多的水，但是不能把大海舀干的。

简单理解就是，语言本身就是模糊的发源地，因此，当我们使用语言来进行推理或者判断的时候，也免不了会出现概念模糊的情况。也就是说，模糊概念会因为言辞的匮乏或者词不达意而产生。生活中我们常常会说这样的话：

“我觉得你今天穿得非常漂亮。”

“老师好，我毕业论文的题目是《论唐诗宋词》。”

“你做得十分糟糕。”

其实，这几个句子都犯了概念模糊的错误。假如为了恭维他人，我们说“你非常漂亮”，对方并不一定会感到高兴，因为你可以跟任何人说这句话，没有什么特别之处。人都是无法忍受彻底的重复的，但是假如你把这句话换成“你穿这种款式的衣服能凸显你的好身材”，或是“别针的搭配非常适合你的气质”，那么，对方一定会乐于接受你的赞美。

同样，《论唐诗宋词》这个标题的范围也过于宽泛，唐诗、宋词多如繁星，可以讨论的话题也多不胜数，具体要论述哪些类型，哪位诗人，哪种诗风呢？既然知道了话语的有限表达会导致逻辑错误，那么我们应该如何缩减话语所指对象的范围这个问题呢？

语言逻辑高手建议，如果想把话说得更加精确，就要在对话中坚持“能简则简”的“简”法原则，摒弃抽象的描述，简单化话语的枝枝叶叶，用形象生动的语言，把所要表达的事实言简意赅地表达出来。这样一来，听话者就不会云里雾里，而恍然大悟了。

比如，上文提到的《论唐诗宋词》这个标题，我们可以采取这种简化原则，将唐诗宋词的论述范围进一步缩减为“论李白的诗歌意象”或者“苏轼的用典分析”等等，使论述范围更为清晰。再如，“你做得十分糟糕”一句，批驳对方时，一定要找对阵脚，明确指出哪里做得不对，哪里做得不好，这才是逻辑说话的王道。

Part 02 精心准备，随时开始你的逻辑说服

在大多数时候，你没有更多的时间去了解你要说服的对象，多数的说服之战往往发生在突然之间。顾客到来的那一刻，你就必须在第一时间说服他买你的东西，否则，你就会失去机会。那么，这是否就意味着一切都毫无章法，可以不做准备呢？错了！即便是突如其来的说服，你也有必要做一些准备。

说话有底气，没有说服不了的人

当你说服别人的时候，首先要准备就是确认自己的说服底气：想要说服别人，缺乏说服的底气是不行的。如果你的底气不够，就很难说服别人。因此在说服开始前，你一定要拿出自己的底气来。然而令人遗憾的是，现实生活中有底气的人实在不太多。

有个演讲家对台下的观众说："各位，我想知道大家对于自己的看法，认为自己很有魅力的，请举手？"结果发现，举手的人没有几位。即便是那些举手的人，往往会被其他的人议论和指点——"哎呀，瞧瞧，这些都是什么人啊，还自觉很有魅力，臭美吧，太不谦虚了！"

许多人都处于这样的"自谦"的状态，不敢肯定自己，并对那些能够自我肯定的人报以鄙夷的态度。但是，需要在此提醒大家的是，长期处于"自谦"中，会降低个人的心理预期，不利于自信心的建立，因而会让你变得没有底气，最终影响你的说服力。

一个人的底气来自于哪里呢？其实答案很简单，你的底气主要来自于你对自我的肯定，更来自于表现自我肯定的能力。简单地说，就是敢于承认自己，敢于表现自己，这就是底气，从本质上说，就是强大的自信心。

当一个人拥有了强大的自信心，说服力才会有根基。我们不难发现那些卓越人物有一个共同的特点：他们在开始做事前，总是充分相信自己的能力，排除一切艰难险阻，直到胜利。

相反，那些没有自信的人，往往缺乏说服力。他们所说的话，通常会被人忽略。因为缺乏自信心的支持，听起来就像是谎言。

为什么会这样？很明显：一个人对自己有信心，就能够带给别人信心；如果连自己都不相信，又如何说服别人相信他呢？

你可以想象一下，当一个人瑟缩地告诉你一件事的时候，你的脑子里面肯定会闪过一丝怀疑。相反，这个人用很确定的语气跟你说话，你会更加愿意去相信他。

购买水果的时候，客人有时候问你“这个西瓜甜不甜？”或者“这个橘子会不会酸呢？”这时假如你回答“也许甜吧！”或者“应该不会酸吧！”这种不确定的话，那么，10个客人中有9个不会购买。

但如果是同样的水果，而你回答：“如果这个不甜，哪里还有甜的西瓜呢！”或是“我绝不卖酸的橘子。”用此种果断的语气，通常都能把东西卖出去，这就是买卖上的技巧。

水果老板卖东西，必然要相信自己的西瓜或橘子是甜的，因为他要以自己的自信说服客人。就是说在自己的心中先建立起自信，然后用肯定的表现说服自己，就不会产生“也许甜吧！”这种疑问，那么也就会断定这水果一定很甜。如此，你就踏出了成功的第一步。

对女性来说，照镜子是件非常得意的事，不过有些人也会因为自卑而感到烦恼。同样是浅黑色的肌肤，对自己的容貌有自信的女性会觉得“我这黝黑的肌肤、乌黑柔顺的秀发，真是好美呀！”但是没有自信的女性,就会认为“为什么我的肤色会这么黑呢？”结果，照镜子时就会觉得很悲观，甚至会将镜子摔得粉碎。

仔细想想，这些价值的基准是非常主观的。如果你觉得自己漂亮，那么就越照越欣赏；反过来，如果你觉得自己很丑，可能就越看越伤心。尤其是自卑感这种东西，通常都是言语所造成的。而因为不自信，所以你的外貌也变得没有说服力了。

事实就是这样简单，一个看上去很自信的人，会让我们觉得他有底气，会更容易被人接受。相反，对于那些没有自信的人，一眼看去，我们就会觉得不靠谱，自然他们所说的话，也不会有什么说服力了。

那么，如何自信地表达，让人感受你的底气呢？

（1）从生理的角度进行心理调节。生理与心理是互动互制的。心理的变化会引起生理的相应变化，生理的调节也会对心理产生影响。当怯懦时进行生理上一些调节措施，往往能取得良好效果，比如深呼吸、搓手、舒展四肢、走动、洗涮等方式，都可以消除缓解卑怯紧张的心理。

（2）以心理暗示进行心理放松。心理的毛病用心理的方法去矫治最直接最有效。心理卑怯现象是心理夸张性感受所致，必须让心理感受重新归位。要达到这一要求，需要采用心理暗示的方式，对对方有客观、明确的认识，对自己做准确、公正的评估，这样就能保持清醒，树立信心。当别人说话显示出我们没有的优势时，我们对自己可做这样的暗示：这是他的优势所在，我同样也有优势，也是他比不上的。

（3）加强对对方的认识，提高自信心。说话的卑怯现象，从本质上说是对对方评估过高引发的。过高地评价对方，悲观地评价双方的关系，从而看轻了自己，产生距离意识和崇拜意识，此时卑怯心理也就自然而然产生了。我们要加强对对方的认识，切勿对对方过高认定，更不要神化，要把他看作一个平常人。谈话者都是平等关系，发言也以讲民主为宗旨，不要人为地把双方地位拉开。正确认识自我，摆正自己位置，提高自信心，这样还会有卑怯心理吗？

（4）克服表现欲望，注重表达效果。有时我们说话产生卑怯现象，并不是小觑自己的缘故，而是极强的表现欲望造成的。说话之初一心想着一鸣惊人，压倒他人。当发现别人口才卓绝、见解精到时，心理上产生失落感、挫折感，情绪受到冲击而一落千丈。对此，要培养自然的说话心态，把自己的意思清楚地表达出来就行了，不要期望值太高。这样心态平稳，卑怯意识也就淡化乃至消失了。

（5）用确定的语气说话。如果你感到不确定，那么这种不确定感将会通过你的声音共振出去，你所说的每句话都会被别人解读为你是在问问题。具体的做法是这样的：每句话结尾用降调，这样你说话时听起来就是你对自己说的话很确定。话的结尾采用升调，听起来像是在问问题，那样就没有确定的意味了。

（6）说话的声音大一点，吐字也要清楚一些，以一种口齿清晰的方式来说话会显得你受过良好的教育。

（7）平时多看书、看报、看新闻，多积累谈资。在说服过程中，我们有可能同客户谈到任何问题。如果我们准备不够充分，甚至对客户所提的问题一无所知的话，那么谈话到了这里，就会变得尴尬起来。没有话说了怎么办，是沉默还是转换话题呢？无论我们怎样做，都会在说服对象心里留下不好的印象。所以，我们唯一的办法就是，在“战斗”开始前，准备好充分的谈资。当我们的谈资丰富了，谈话的时候也就不会发慌，从而避免不必要的尴尬场面。

总而言之，说服他人，要有底气。这是一个“气场为王”的时代。气场强大，就能像磁石一样吸引住更多的人，从而说服更多的人。一个说话毫无底气的人，能让自己拥有一个很强大的气场吗？显然不能！所以，想要有强大的说服力，就要先有说话的底气。记住，说服是信心的传递，假如你对自己或自己的产品没有信心，你便很难说服他人接受。

不存在必然的信任，也没有无端的不信任

如果你与一个女孩约会，你正在建立舒适感，你传递了值得信任的品质，而你又被她看到你对朋友不守信或者你的其他显得不守信的特质。她就会下结论说你和她在一起是有企图的。这时她会感到很危险，从而变得不相信你，甚至对你产生抵触心理。

当别人不信任你的时候，你也就很难说服对方了。因此，在说服的时候，你应该时刻注意对方的反应，以便了解对方对你的信任度。当你说服对方时，若遇到下面这些的情况，便可以认定对方对你还不太放心：

（1）很注意你“是否遵守诺言”“是否保守秘密”等最基本的问题。

（2）重视那些无关紧要的小问题。

（3）以带刺的言语或抓住话柄来反驳你。

（4）眼神中充满了看透你内心世界的寒气与冷漠。

（5）对你说的话无反应或爱答不理。

发现这些苗头，可以帮助你及时反应，以采取恰当的方式去挽

回。但是在生活中，我们经常会遇到一些意外的情况：本来双方交谈很顺利，可不知道怎么回事，对方的态度突然转变，让你措手不及。

有一次，姜先生受某公司的委托，请某位学者帮忙。起初工作进展得好像很顺利，但是不久之后，公司的负责人给姜先生打来了一个令人不解的电话，说不知道为什么，学者的态度突然变了，弄不好会拒绝工作。

公司负责人表示，已经做了各种协调工作，提出了增加工作报酬、更改放款日期等补救措施，也无济于事。随后，姜先生再次拜访了那位学者，听到学者说的话之后感到非常意外：原来对方担心公司方面是否能履行有关合同。

姜先生知道，在缺乏信任感的情况下，说服是没有意义的。因此他当时没有马上展开说服，他说："你放心，有什么问题，你都告诉我吧，请让我去与公司沟通吧。"

然后，姜先生找到了公司负责人："我不知道究竟是什么原因造成了这样的结果，也许是一些不重要的小事引起了他对公司的不信任，现在说服他是没有用的。为了打破僵局，你应该尽快向他表示出公司的诚意和热情。"

于是，公司负责人当天亲自到学者家里拜访，并且和学者进行了深入的交谈。第二天早上天刚亮，公司负责人就兴高采烈地给姜先生打电话说："先生，他愿意接受工作了。"

相信很多读者也可能遇到这样的事情，你或许会觉得发生这样的事情，是因为对方的脾气古怪，或者是因为对方的胃口太大。其实真实的原因往往不是这样的。我们不能总从别人的身上找原因，或许我们应该多想想自己哪里做得不够。很多时候，对方突然改变态度，是因为我们没有拿出足够的诚意，最终让人产生不信任感。

那么，怎样消除对方的不信任感呢？下面讲几个实用的方法：

（1）不要强行将对方拉入你的世界，你应该想办法进入对方的世界，或者让对方自动走进你的世界。就好像追求女孩子，如果你总想着把女孩带出去约会，想着带着女孩子去吃饭、看电影、喝咖啡、公园散步，那么对方会有戒心，即便没有戒心，也会觉得很无趣。相反，你如果能够更多地考虑把她带入你的世界，介绍给你的朋友，分享你的乐趣，参与你的活动，她就会去幻想成为你的美妙世界的一员。一对一的浪漫是有用的，但是在女生脑中，这一环节应发生在社交团体的环境下，而不是在单对单的隔离中。最好的方式就是融合你的组合和她的组合。

说服也是这样，你不能把自己的想法强加给别人，你要做的是，引导对方了解你，或者尽量去了解他。如果对方的戒备心理很强，那么你可以先让对方进入你的世界。

（2）缩小对方与自己之间信息量的差距。当对方询问你一些问题的时候，如果你总是采用“我不知道”“记不清了”之类的话来回答，就很容易让人产生不信任感。信息量不足，是人们会产生不信任感的主要原因之一。

为什么一些国民对政府不信任？因为他们不知道政府的官员都在干什么。他们强烈地呐喊“事实真相究竟是什么”，因为他们了解的信息不够，觉得自己成为局外人。现在很多官员主动深入群众中去，积极与群众交流情况，总是能够得到国民的欢迎，就是因为这些官员缩小了彼此间信息量的差距。

因此，若你想要说服一个人，就要让对方了解足够的信息。只要让对方充分了解情况，就不容易产生莫名其妙的不信任。如果让对方充分了解情况后，他仍怀有不信任感，那么就表示你这里有使他产生不信任感的原因。如果不是无端的不信任，他的不信任感是有缘由的，那么，也只有纠正你自己的不是了。

一般情况下，在我们未给予对方充分的信息，让对方怀疑你对他隐瞒了什么时，容易产生不信任感。因为双方掌握的信息量有出入，对方会担心自己处于不利的状态。如果不消除对方这种心理状态，就想让他做什么事情，他会担心你在利用他的无知，因此就会对你产生不信任感。在这种情况下，有两点必须注意：

第一，不要认为对方可能已经知道了某件事情，就不再告诉他。这个时候，“因为他没问，所以我没说”这种说法是行不通的，因为对方有可能不知道自己的不明之处，因此而不主动询问。有一位媳妇以为婆婆已经知道了丈夫的晋升和工资增加，就没有告诉婆婆，结果引起婆婆的误会，以为媳妇想要隐瞒这件事，最终导致了一场家庭纠纷。因此，为了防止因信息量的不同而产生不信任感，或是消除已经产生了的不信任感，你首先应该把你认为“他应该知道”的事情详细告诉对方。

第二，必须注意的是，在给予对方信息时，如果都是你这一方的信息，反而会招致对方对你的不信任。因此，你应该自然地表明对方自己可以确认那些信息是否可靠的办法。例如，你可以对他说，“你去问××，就更清楚了”。

另外，在说服的过程中，把好事和坏事都讲明，也是消除不信任感的好方法。

（3）告诉对方事实。信息不足可以引起对方的不信任，而混杂在这种信息不足状态中的“错误信息”则会加深对方的不信任感。处于信息不足状态中的对方会极力想获得自己所需要的信息，所以对于有关信息特别敏感，结果由于相信了不可靠的信息，对说服者本人及其所说的内容产生误解。

由此可见，不仅仅是产生不信任感的信息数量上的差别，信息质量上的差别更会使事情变得严重。为了避免这类事情的发生，你当然应该将自己所知道的信息告诉对方，并且指出哪些信息是你确信的，哪些信息是传闻。而对于已经对你产生了不信任感的对方，如果你认为这种不信任感可能是由于信息不足而产生的，则应该认真地将以前未曾提及的新信息告诉他。

有位年轻人，由于他一点点的不诚实，女友对他产生了不信任感。后来通过他对女友详细地诉说以前很少谈到的事情，例如，公司及工作情况，自己的成长过程，将来的打算，等等，才算解除了误会，言归于好。这可以说是因为女友对他了解并不充分，即由于信息不足而引起不信任感的例子。在这种情况下，把真实的情况告诉女友比只说“我们和好吧”“我们重归于好吧”更有说服力。

另外，要提醒你的是，当误会产生的时候，可以去解释，但是不宜说太多。因为在对方不信任你的前提下，你所做的“解释”常被对方误解为“找理由辩护”。若是处理不当，甚至被误解为“狡辩”，反而会加深对方的不信任感。遇此情形，经常是有口难辩。在这种情况下，与其费力不讨好地解释，还不如干脆先放弃说服，去做向对方提供正确、充分的证据的工作。

当你告诉对方有关事实，客观地将与误解有关的情况向对方和盘托出，并希望他尊重事实。如果对方是位明理之人，一定会从你提供的情况中，发现消除误会的材料，并与你恢复原来的信赖关系。

一样米养百样人，说服策略应因人而异

在说服之前，我们要确定应该采取何种策略。恰当的策略能够帮助我们更快达成说服的目的。通常来说，在准备说服的时候，你应该思考这么两个问题：

（1）是采取迂回说服，还是直接说服呢？

迂回说服是一种柔和的策略，方法很简单：在说服过程中，不直接点明主题，而是采取迂回的方式，先说一些无关紧要的闲话，然后再慢慢步入正题。这些闲话会起到一个很好的过渡作用，使沟通不显得过于突兀。

这样的做法无可厚非。在某些时候，先闲话家常再进入主题，确实是一套相当不错的说服策略。比如，当一个人对我们怀有相当大的戒心时，我们就可以先闲话家常，使他消除戒心，然后再进入主题。

但是，我们要注意，运用迂回说服的方法时，要注意把握好时间，找机会快一点切入主题，千万不要让人失去耐心。

美国著名作家马克·吐温有一次到教堂里听牧师做号召募捐的演讲。这位牧师的知识极为渊博，口才也很好，演讲起来声情并茂，非常吸引人。

刚开始，马克·吐温觉得牧师讲得非常出色。他已经做了决定，等过一会儿，牧师讲完之后，他就去捐款。不过十分钟后，这位牧师的演讲还没有结束，甚至还没有讲到募捐上面。

马克·吐温开始有些不耐烦了，觉得这位牧师很是啰唆，东拉西扯总也讲不到正题。他改变了主意，决定等一会儿只捐一些零钱。

他耐着性子又听了十分钟，牧师还没有讲完，才刚刚讲到了募捐。这个时候，他的忍耐已经到了极限，牧师讲的是什么，他没有听清楚，只是又改变了主意，决定等会儿一分钱也不捐。

终于，牧师讲完了，马克·吐温的忍耐也到了崩溃的边缘。他走的时候，不仅一分钱没有捐，还从箱子里拿走了两美元。

马克·吐温绝对不是小偷，他之所以会拿走两美元，是因为内心无比愤怒，他愤怒的根源在哪里？很简单，他觉得这位牧师太啰唆了，一直在闲话家常，而不肯切入正题，结果使得演讲花去了他很多时间。

马克·吐温是一个惜时如金的作家，他厌恶那些浪费时间的人，而这位口才出众的牧师恰恰触碰了他的底线。我们只能说，就算这位牧师的口才再好，他的演讲也完全没有进入马克·吐温的耳朵里，主要是因为他的闲话太多，切入主题太晚。

其实每一个想通过闲话家常来说服别人的人，都很聪明，因为他们懂得用迂回战术来实现自己的目的。但过犹不及，凡事适度就好，不要超过一定的限度。在说服的过程中，适当穿插一些与主题无关的话不要紧，但千万不要一说起来就没完没了，如此一来，主题的地盘自然就被侵吞了。

从一开始就直奔主题，是目前经常使用的说服策略。特别是在销售过程中，这个说服策略最为常见。很多业务员为了拉近与客户之间的距离，往往东拉西扯地说上很多闲话。其实这完全没有必要，因为客户知道业务员想要的是什么。一味地说闲话，会让他们觉得烦躁，认为对方不够真诚，甚至失去交谈的耐心。如果业务员很不珍惜客户的时间，那结果就会更糟糕。

（2）是个体说服，还是群体说服？

在分析说服对象的几秒钟里，你还要快速决定一件事情，那就是个体说服还是群体说服。

个体说服其实像是“单挑”，你将直面对手，用尽手段，誓必达到目的。个体说服的好处是你的对手只有一个，目标更集中；坏处是可能碰上十分难缠的对手，说服的难度就会大大增加。

群体说服，主要是利用群体的影响力，以提升说服的效果。例如，你想要说服一个群体去参加某次活动，其中有十个人决定去，还有五个人犹豫不决，那么再努力一下，这五个人可能就会因为另外十个人而改变自己的想法，也决定去。当然，要是其中五个人决定去，而另外十个人决定不去，就会导致你的说服计划破产。

是个体说服更好，还是群体说服更好？需要根据实际情况来判断，你可以根据自己的需要进行选择。

陈先生担任某公司的总经理一职。有一次，他在巡视一个工厂时，看到工厂的禁烟区有七八个工人聚集在一起抽烟，而在这些工人的身旁，就立着“禁止吸烟”的牌子。这样的事情让他很是头痛。

之前在这个地方，他已经不下三次遇到过工人抽烟的情况，他什么方法都用过了，批评、责骂，甚至罚款，但是没有用，工人们依然如故。甚至这几个工人明明已经看到总经理走过来了，也没有要掐灭烟头的意思。

怎么去说服他们不要在这里吸烟？如果还是强行制止，那么自己走了之后呢？他们是不是还会像前几次一样，仍然在这里吸烟？

以前的劝阻无效，看来他们已经有了很强的逆反心理，想要说服很难。就在这个时候，他突然灵机一动：既然群体说服无效，为什么不试试个体说服呢？

于是，他装作没看见，转身离开。回到办公室后，就让秘书把那几个工人依次叫进来。

第一个工人进来的时候，表情明显有些紧张。显然他认为领导肯定要狠狠批评他，因此心里很是忐忑。但是陈先生并没有批评他，而是非常亲切地和他拉起了家常，问起了近况。这使工人的心情逐渐放松下来。直到最后，陈先生才说到这次在禁烟区抽烟的事。

他说：“在我的记忆中，你好像不是第一次犯这样的错误了，对吗？可以和我说说为什么吗？工厂并不禁止抽烟，甚至有专门的吸烟区，你大可利用休息时间在吸烟区抽烟，为什么一定要明知故犯呢？”

工人有些紧张，陈先生笑了，说道：“你不用担心，我现在不是领导，你也不是员工，我们是朋友。朋友之间，什么都可以说。我只是想了解一下，我自己什么地方做错了，为什么总是说服不了你们？”

接着，他又向这个工人讲了自己的一些想法，说了一些推心置腹的话。陈先生的真诚，让这名工人大为感动，表示以后一定不会再违反制度。

接下来，陈先生又分别和其余几个年轻人聊天。他逐一攻破了他们的心理壁垒，说服了他们，大家都表示以后一定不再犯这样的错误。

个体说服强过群体说服？不一定！群体说服强过个体说服？也不见得！选择哪种战术，要视情况而定。通常，我们遇到陈先生那种情况，会先选择群体说服，如果不奏效，则会选择个体说服。

总而言之，要成功地说服他人，就要选择适合的表达方式，尤其要采取适合说服对象的表达方式。记住，一样米养百样人，同样的说法，不见得适合每个人。是迂回说服，还是直接说服？是群体说服，还是个体说服？到底采取哪种说服方式更好，这要依据实际情况来定。

触动内心的关键点，最能吸引注意力

想要说服他人，我们就必须引起对方的兴趣和注意。如果对方和我们交谈时，提不起劲，一副心不在焉，甚至昏昏欲睡的样子，那对于我们说服是非常不利的。

当你发现自己的说服对象出现那样的情况时，就要反思一下自己，看看是不是哪里出问题了：

第一，你的语调，是像音乐还是像噪音？这是个关键问题：讲话的语调很重要，平铺直叙的语调缺乏震撼力，让人听了想睡觉。要吸引别人的注意，那么自己的说话节奏、语调要尽量做到扣人心弦，让人一听就会沉浸其中，极为兴奋，而不是听了之后想要睡觉。

第二，你的声音，是不是太软？因为性格原因，有些人讲话会非常轻柔。他们习惯了用软绵绵的声音同别人说话，让人感觉毫无底气。如果在说服的过程中，你的声音太轻柔，甚至让对方听不太清楚，那么对方往往不会太在意你所说的话。若是如此，又何谈说服呢？

第三，你讲话的内容是什么？如果你送给别人一个包装很严密的盒子，告诉对方里面是点心，并要求对方吃掉这块点心，那么拿到盒子的人会怎么做？他会先打开盒子，看看是什么样的点心：如果他喜欢吃那种点心，那就会乐意享用；如果他不喜欢吃那种点心，他就会送人或者扔掉。同样的，我们想要说服别人做某件事，讲话的内容非常关键：它不仅要贴合自己的主题，还要让对方感兴趣。倘若你总是东拉西扯而说不到正题上，或者讲话的内容根本就无法引起听者的兴趣，那样又怎么能说服对方呢？

第四，你讲话时是什么表情？我们在说话的时候，往往需要表情的配合。法国作家罗曼·罗兰说："面部表情是多少世纪培养成功的语言，是比嘴里讲的复杂千百倍的语言。"由此可见面部表情的重要性。当我们说话时，用相应的面部表情配合，会让"话语"显得更有渲染力。想想看，如果我们嘴里说着话，但表情木然，那么盯着我们的听者会有什么想法？他们会觉得兴味索然，进而不注意听我们说话。

在说服过程中，可以经常用以上四个问题来检视自己。想要成为说服高手，就应该及时发现问题，并自我检讨。如果我们的说话不能引起听者的兴趣和注意，那么接下来，无论我们做出多么大的努力，也不可能说服他们。

除了以上几点需要注意的，我们还需要掌握一些引起说服对象的兴趣和注意的方法。下面就是几个打动人的技巧，可以在平时多加练习，以便到了说服时可以随时使用。

（1）注意细节，发现独特的美，并真诚地表示赞赏。

有一位摄影师，他的工作就是为女明星拍照。注重形象的女明星对拍照都很慎重，摄影师想拍她们，不是一件容易的事情。但是这位摄影师用自己独特的赞美技巧，达到了目的。对于女明星来说，普通的溢美之词她们早已经听腻了，而摄影师打动对方的秘密就在于夸奖她们那些平常不为人们所注意的耳垂。这样做收到了非常好的效果。

其实这并不难理解，通常情况下，人们不会去赞美这些不被注意到的地方。于是，一旦有人说“您耳垂的形状真美，请一定让我照一张”或者“我想表现出您的脖颈美”，女明星会本能地觉得这个人的观察很细致，眼光很独特，从而很容易敞开心怀。

要想说服别人，让别人心悦诚服地说“好”，其实还有一个很好的方法，那就是像故事里的摄影师那样，指出别人不曾注意或者忽视的地方。这种方法看似不起眼，却非常有效。

（2）用你的热情和信心感染对方。

波士顿有个棒球队，一直只有极少的观众，因为他们的表现实在很差。后来，他们来到了密尔沃基，这里的市民对这个新球队非常热情，棒球场永远都是人山人海，似乎每个人都对棒球队充满了必胜的信心。

市民们的热情和信任赐予了这支棒球队新的生命，队员们感到了极大的振奋和鼓舞，次年就奇迹般地登上了联赛冠军的宝座。仍然是原班人马，但这支球队脱胎换骨般创造了一个又一个佳绩，发挥出了前所未有的惊人水平。

那么，在说服的过程中，具体怎么表达你的热情呢？人际关系专家戴尔·卡耐基说：“对待我们周围的人，不妨设法了解，并且记住他们的名字。当某一天在路上相遇的时候，热情地叫出对方的名字，打一声招呼，这样或许就会产生意想不到的效果。”

或许在某个时段，热情起到的作用并不是多么明显，看不见也摸不着，但是它那相当大的感染力，会在后来慢慢展露出来。

充满热情的人，嘴里吐露出来的必定是令人振奋的话语。和这样的人谈话，会在不知不觉间被同化，让你也变得热情起来。相反，一个性情冷淡的人，会让沉闷的情绪充斥在周围的空气里，当这样的人说话时，哪怕是苦口婆心的话，我们也不太愿意听。

如果你想做一个说服高手，最重要的就是让自己看起来更有激情，这正是说服力最大的影响因素。

要是你没有能力，却有热情，你还是可以使有才能的人聚集到你身边来。假如你没有资金或设备，但你有热情说服别人，仍然会有人回应你的梦想。

需要特别提醒你，想让人感受到你的热情，在与人说话的时候就一定要投入。有不少的人打招呼或交谈时，常常漫不经心，总给人一种隔阂感，这样的话，别人很难接受你。在说服别人的时候，自然也就有问题了。

（3）经常对人表示关心，建立和谐的人际关系。其实，解决这个问题的最有效的办法，就是用诚挚的态度、满腔的热情来对待他们。在说服他们的过程中，我们要用感情来打动他们。当感动充溢于他们的心中的时候，他们会真正地打开心门，进而改变自己的态度。这样，我们的说服目的就达到了。

在一个镇上有两家卖豆腐的：老王家和老李家。两家的豆腐的质量都差不多，分量也都很足，但奇怪的是，两个人的生意的红火程度却大不相同，老王的生意明显要比老李的好得多。为什么同样的豆腐，同样的分量，生意上会有这么大的差别呢？

原来，同样是卖豆腐，老王在给顾客称豆腐的时候总会顺便多说一句话。比如是张大娘来买豆腐，他会关切地问："最近身体还好吧？"如果是家有孩子的人过来买豆腐，他就会问："孩子还听话吧，最近学习怎么样呀？"

刚开始的时候，大家对这种充满关心的问候并不是多么在意，但是时间久了，大家开始把老王当成了朋友，不由自主地照顾起了他的生意。

不论你自认为有多么了不起，也不论你的公司股票市值有多高，若你想要让自己有说服力，就必须关心你的听众，关心他们的希望、目标。当你将关心送到对方的面前，对方就不会对你无动于衷了。

（4）用你的微笑来感染对方。

威廉·斯坦赫先生是一个表情严肃的人，即使在家里也很少笑，这让人觉得他的生活很沉重，或者说很苦闷。后来他在一次培训过程中，被要求准备以微笑的经验发表一段谈话。这次尝试改变了他。此后他开始学习微笑：他对电梯管理员微笑说早安，对门口的警卫微笑打招呼，对那些以前从没见过自己微笑的人微笑。

很快，斯坦赫先生发现每一个人也对他报以微笑。他微笑着面对那些满腹牢骚的人，他一边听他们发牢骚，一边微笑着，问题很快就解决了。他惊讶地发现，自己因此得到了更多的收入。

回家后，和妻子交谈，和孩子说话，斯坦赫先生始终保持着柔和的微笑，沉闷的家突然被一种温馨的气氛笼罩。对于这一切的改变，斯坦赫觉得不可思议，但它确实发生了。

心理学研究表明，微笑与人的形象有着奇妙的关系。虽然微笑是一种面部表情，却反映了人的精神状态和生活态度。在现实生活中，微笑还是人际交往的润滑剂，能帮助人们驱散心头的烦恼，消除人与人之间的隔阂，让你的话语更具有感染力。

（5）站在对方的立场，像你的说服对象一样思考。很多推销员都以自己的立场做推销。举一个例子，我们卖莲花牌跑车的时候，觉得这种车非常快，所以每一个顾客进来，我们往往就会跟他讲莲花牌跑车很快。结果会怎么样呢？他也许说："很快吗？保时捷比莲花还快呢！”然后我们就完了。事实上他进来可能要的就是“不一样”——大家都开保时捷，我就要开莲花。

又譬如，有些人讲话速度比较快，有些人讲话是“嗯……嗯……”了老半天，却什么也讲不出来的那种。假设一个讲话快的人跟一个讲话慢的人在一起谈生意，你觉得会有什么效果？结论一定是很辛苦。所以你要学会转换自己的语速来配合你的说服对象，这样子他们才会觉得比较亲近。总之，你永远要以顾客的立场来推销。

Part 03 瞬间支配，用逻辑改变对方的思维方式

许多人也许不曾想过，逻辑可以改变人的思维方式。在说服对方的过程中，那些优秀的说服者往往会利用逻辑表达去支配对方，让对方跟着自己的思维方式去思考，从而轻松实现说服对方的目的。

逻辑到位，一句话就能说服

在这个世界上，所有的说服都有一个相同的目的：使双方利益最大化！在说服的时候，只要能表达出这个意思，你就已经成功一半了。

有时候，在双方的博弈中，短短的一句话是否到位，往往决定了你跟对方的交流能否畅通无阻。不管你的语言有多么简洁，你都需要遵守一个重要的前提，那就是认真地听取并尊重对方的想法，这样对增加你获得对方的理解和认同的概率有很大帮助。

也许你不太相信，短短的一句话就可以令事情改头换面，但是你真的可以做到。只要能掌握说服对方的基本要素，并运用得当，你就可以用一句话达成目的。以下是说服对方的七项基本要素：

（1）关键与合乎情理的请求。

（2）适当的拒绝。

（3）不可隐藏的批评。

（4）必要的道歉。

（5）表达积极的信息。

（6）表达消极的信息。

（7）表现你的“自我存在”。

这是七项关于积极说服的基本要素，它可以帮助你“化腐朽为神奇”，假如你能够将这七项要素加以灵活应用，一定会收到事半功倍的效果。

一般情况下，在沟通的过程中，最先出现的信息往往最具有说服力。请记住这个规律：人们似乎总是对最早出现的事物格外关注，并且跟对过往事件的记忆相比，对当前事件的记忆似乎总是要更深些。

第一印象特别重要，人生的“第一个信念”也是如此，一旦形成，要想改变就非常困难。当一个部门在会议室讨论问题时，在有其他人站出来并反复检验之前，第一个说话者的观点，看起来总是正确的。因为他的信息是最先出现的，已经在听众的大脑中优先占据了一个主要的位置，除非有人能拿出更加有力的观点来击倒他的论证，否则人们就会对他的表述产生最深的印象。至于后面的类似观点，大部分都会被轻易地过滤掉和忽略掉，很难留下什么印象。

在论证的过程中，方式方法比内容更为重要，也就是说“怎么讲”比“讲什么”更重要。同样的话题，有时候会让人产生完全不同的冲动，这跟说话者的表达方式有直接关系。请看下面的例子。

一位德高望重的培训老师在上海举办了一个两小时的培训课程，一位食品行业的老总来了。讲座结束后，他和老师谈了自己对于这场讲座的体会。

“老师，我在两个月前，听过另一位培训专家的课程，尽管你们两人教的东西几乎一样，感觉上却有天壤之别。”

“哦，是吗？您请说。”老师来了兴趣，请教他究竟有什么不同。

他说：“我在听另一个人讲课时，他一停下，我就感觉已经懂了，什么都明白了，不需要再听下去。但奇怪的是，你讲的是跟他相同的内容，可是当你讲完时，我却觉得还有很多东西是我没有明白的，下次我还想过来听你解释。”

老师听了以后，立刻理解了他要表达什么。老师在每次讲解问题结束时，都会多说一句话，用来引导问题的延伸。正是这句延伸的话，才能在听众脑中播下很重要的思维的种子。

这颗思维的种子发出两个嫩芽，一个是“兴趣”，另一个则是“信服”。最好的说服效果就是这样的，你不仅要达到自己的目的，而且还要让听众产生思维的跨越和延伸，为继续交流埋下伏笔。

当你讲述一件事情时，你要想到，别人可能已经讲述了几百遍，你并不是第一个对他说这些话的人。因此，你必须体现出自己跟别人的不同，展示你跟其他人“关键性”的差异，这就是有些销售员可以高价卖掉同一种产品，而其他人却无力做到的原因之一。

二分法思维，给对方两个可能的选择

虽然二分法思维方法对提问有所制约，但它对说服的帮助却很大。在逻辑领域内，这种思维方法被称为二分法谬误，或者“非黑即白”谬误，就是在论证过程中只给出两个选项。当事实上有多个选项时，它往往呈现为“非此即彼”的情境。

假如你不支持我们，就是反对我们。

也许有些人会觉得你有一部分是对的。也许有些人会在某些事上支持你的看法，但在其他事情上反对你。而绝大部分的人，也许根本不在意是否要发表意见。

在现实生活中，某些情境有无限变化，某些情境则又提供了直截了当的选择。除此之外，还有一些情景在黑白之间的灰色中间地带，不全然像男女之间的差别那样。在这种情况下，二分法谬误会想办法把第二选项的限制选择带入更适合归入第一选项的情境。请看下面的例子：

世界上有两种人：有钱人和没用的人。你是准备做有钱人，还是乐于继续做一个没用的人呢？

事实上，有钱也分三六九等，没用的人也是如此。可能跟某些人比较起来你很有钱，但跟其他人相比就只能算小康了。没用的人也是这样，这是一个非常复杂的比较，一时半会儿解释不清楚。这个论证之所以有说服力，是因为它对额外选项进行了否定。谬误使用者将范围缩小，排除了所有可能影响结果的讨论材料。这个时候，论证跟不相关事物的侵扰没有关系，而是由排除相关项目导致。

二分法主要被用来限制选择。在竞选中，大党通过否定小党的有效选项，以最大限度压缩小党的政治空间。至于狂热分子，无论支持或反对，都借助这个方法来煽动那些不感兴趣的民众。理想主义者则使用二分法对群众进行分类，并且否认广泛的个人意见。

二分法谬误还有一个具有刺激性的用途，多用于收集统计信息的过程中。市场研究调查者往往会将人们分配到大项的分类之中，通过“是”或“不是”的回答搜集信息，对个人来说这两种信息都不是正确的。而那些构造假设场景的性格测试，也喜欢低估人的聪明才智。

在两难困境中，也经常出现二分法。虽然两难困境本身是论证的一种健全形式，但它为了让论证更有说服力，还是会拉二分法入伙。

假如我们进口货品，就等于将我们的工作送到其他国家去；那我们出口货品，就等于将我们的财富送到其他国家去。既然必须在进口或出口之间选择，我们要么选择失去工作，要么选择失去财富。

这个论证不是非黑即白的抉择，因为我们可以进口一些东西，然后出口另外一些东西呀。听过英国海军中将纳尔逊勋爵（Lord Nelson）的大名吗？他曾经有一个著名的口号，我们来分析一下：

纳尔逊勋爵说："葬于西敏寺或凯旋！"

就这句话来看，勋爵忽略了两者兼得的可能性。其实，圣保罗大教堂也是个选项，事实上他最后确实葬在了那里。

二分法最大的用途是，我们给对方提供两个选择，一个是非常令人不快的选择，另一个是对方欣然赞同的做法。假如对方不照你所建议的去做，那他就会遭遇非常不好的事情。比如：

如果我们不把门漆成绿色，就会被邻居耻笑。大家会觉得我们没有品味，然后我们会被左邻右舍拿来当作茶余饭后的消遣。我是在提建议哦，我绝对不会影响你的决定。

如果你还在为说服发愁，那你必须学习如何引出你所认为的唯一可行之道，比如说："好吧，美丽的夫人，看来我们有两个可能的出路……"

换种方式，做会说话的人

现在，成语“朝三暮四”多用来形容那些常常变卦、反复无常的人，其实这并不是它的原意，它最早指玩弄手法欺骗人。“朝三暮四”出自《庄子·齐物论》。讲的是，一个玩猴子的人对猴子说：“早上给你们吃三个橡子，晚上给四个。”猴子听了都发起怒来。后来，玩猴人又说：“早上四个，晚上三个。”猴子们便一齐转怒为喜。只不过换了一种说话的方式，换汤不换药，猴子就欣然接受，那么，这种说话技巧对人类是否适用呢？

其实，换汤不换药是一种逻辑谬误，指为了使一个本来不受欢迎或别人不接受的观点受人欢迎或被接受，想办法给这个观点换一个好听的名称或说法。虽然是非形式谬误中的一种，但换汤不换药却是交际中的必胜招数。让我们再看看下面这则阿凡提为皇帝解梦的故事。

皇帝做了个梦，梦见有人把他的牙齿全都拔光了。从梦中惊醒后，皇帝再没睡好。第二天，皇帝把梦讲给群臣听，问有没有人能解。

丞相道："陛下全家将比陛下先死。"皇帝听了勃然大怒，下令重罚丞相。这时，阿凡提来到皇宫。皇帝又把梦对阿凡提说了一遍，问他主何吉凶。阿凡提回答说："陛下将比你所有的家属都要长寿。"

皇帝听了很是高兴，赐给阿凡提一件锦袍。

"死"是个令人忌讳的字眼，而"长寿"是令人高兴的字眼，当然，阿凡提的话并不意味着皇帝会增寿。丞相的话跟阿凡提的话都属于关系判断，彼此之间是等值的。乌鸦插上了孔雀的羽毛，然而乌鸦毕竟还是乌鸦。类似上面这样换汤不换药的故事，在生活中还有许多。

英国有一则嘲笑吝啬鬼的笑话，叫作"'给'与'拿'"。

乔治有一位爱钱如命的朋友，有进无出，从不给人一点东西。一天，乔治约他和几个朋友在河边散步，谁知吝啬鬼突然滑进河里了。朋友们都跑过去救他，其中有一个人跪在地上，伸出手并大声喊道："把你的手给我，我拉你上来。"可是，虽然已经被水淹得两眼发白，吝啬鬼还是不肯将手伸出来。

这时，乔治走过来喊道："拿着我的手，我拉你上来。"吝啬鬼一听，立刻就伸出手，乔治跟大家也就将他拉出了水面。"你们不了解我这位朋友。"事后，乔治对众人说，"如果你对他说'给'，他便无动于衷；要是你对他说'拿'，他就来劲了。"

表面上看故事中的“给”与“拿”似乎是一出一进，但实际上毫无二致。吝啬到连命都可以不要，这样的吝啬鬼确实举世罕见。

法国有一则笑话是讽刺假装年轻的贵夫人的。

一位夫人已经年纪很大了，两鬓斑白，脸上皱纹麻密，但她总想把自己往年轻里说。有一次，她对一位刚刚结识的朋友说：“你知道吗？我和我妹妹加起来一共60岁。”

“啊哟哟，”朋友表现出很惊讶的样子，“难道您把一个这么小的妹妹丢在家里了，怎么能放得下心呢？”

“两鬓斑白”且“皱纹麻密”的夫人打算把年龄分给妹妹一些，但新朋友却不买账，故意惊叹夫人的妹妹太小，让人不放心，无非是在拐着弯说“你不年轻了”。

不难看出，要想让别人接受或欢迎我们的观点，我们一定要用对方所喜欢的方式去表达自己的意思，说对自己有利的话可以，但没必要让听者乐于接受。

从小要求开始，渐进式说服

1966年，美国心理学家乔纳森·弗里德曼和斯科特·弗雷泽做了一个实验：他们派人随机访问了加利福尼亚州某居民区内的一些家庭主妇，请求她们把一个小招牌挂在自己家的窗户上。这些家庭主妇们大都愉快地同意了。

过了一段时间，实验者再次走访这些家庭主妇，请求她们将一个不太美观的招牌挂在自己的窗户上，她们也大都同意了。

又过了一些日子，实验者请求这些家庭主妇把一块不仅大而且不太美观的招牌放在院子里，结果依然有超过半数的家庭主妇同意了。

相比之下，心理学家派人随机访问另外一些家庭主妇，直接表示希望将一块不仅大而且不太美观的招牌放在她们的庭院里，结果同意这个要求的家庭主妇的人数不到20%。

心理学家得出结论：个人一旦接受了他人的一个小要求，如果他人在此基础上继续提出一个更高的要求，那么这个人就倾向于答应这个更高的要求。因此，心理学家提醒人们，在接受琐碎请求时务必要小心谨慎，因为一旦同意了，它就有可能影响到我们自身的认知。

我们可以把这个心理规律称之为“得寸进尺效应”，在说服的过程中，我们如果能够利用这个规律，可以帮助我们更快达成说服的目的。同时，也能够降低被人拒绝的概率。

有个人约了一位朋友在一家百货商场见面，朋友还没来。为了打发等人的这段无聊时光，她便走到了商场里的时装区闲逛。

“小姐，这是今年的最新款式，您喜欢的话可以试试。”一位热情的导购小姐走过来满脸笑容地向她推荐。

“哦，我只是随便看看。”

“没有关系。不过，我觉得这款特别适合您，您试试看？”

这个人笑了一下，摇摇头。

“我卖衣服好几年了，我根据您的气质就知道您穿什么样的衣服好看。不信您可以试试效果怎么样。”这位导购小姐极力地夸赞着这个人的气质。

“没事儿，您试完了不买也没事儿，您就当尝试一下全新的风格。如果真的适合，还可以指导您以后买衣服的方向，是不是？”导购小姐一边说一边将衣服从衣架上取下来放在她的手上，“试衣间在那边。”

这个人想：“既然这样，那就试一下吧，反正也可以不买的。”她这样想着，便接过了导购小姐手中的衣服，走向了试衣间。

等她从试衣间出来，导购小姐一看，十分惊讶地赞叹道：“您看，我说得对吧？多好看，简直就像给你量身定做的一样！”

就这样，原本只是随便逛一下商场，这个人在并没有准备购衣的情况下却购买了这件衣服。

这个本来无意购买衣服的人，正是因为满足了这名导购小姐的第一个小要求，所以接下来对于她的更高要求，也就因为面子的问题希望给人首尾一致的印象所以无法拒绝。

在生活中，当你请求别人时，如果一开始就提出较高的要求，很容易遭到别人拒绝；如果你先提出较低的要求，在别人同意后再增加要求的分量，则更容易达到这个目标。

这就是此说服策略的妙处。对于推销员来说，把目标分解，而采取层层递进、得寸进尺的方法，将更容易说服顾客，卖出产品。

有个销售员推销灭蟑药，他跟客户说：“我是威猛公司的，我们公司正在举办义务灭蟑活动，我们这里有活动宣传单，嗯，还有一本灭蟑指导手册，赠送给你。你们家有蟑螂吗？我可以免费帮你灭蟑。”

于是，贪小便宜的，放不下面子的，就把此人请进家门，开始灭蟑。灭完蟑，看到人家灰头土脸的，就会给人家倒杯水，小坐一下，这本来就是人之常情。好了，这个时候，销售员就开始说起有关于饮食卫生和蟑螂之类的知识，然后讲起公司的最新产品。

最后的结果是，顾客买了灭蟑药——看到人家这样辛苦，这样热情，怎么好意思不掏钱呢？

当然，这个策略不仅可以运用在推销说服上，还可以运用在员工管理上。比如，在要求下属做某件较难的事情而又担心他不愿意做时，可以先向他提出做一件类似的较小的事情。

在分配任务的时候，也可以这样做。特别是对于一个新人，上级不要一下子对他们提出过高的要求，可以先给一个比较简单的任务。当他们达到这个要求后，再通过鼓励，逐步向其提出更高的要求，这样员工容易接受，预期目标也容易实现。

在生活中教育孩子的时候，你也可以采取这个策略。对学习有困难的孩子，开始的时候不要对他们提出过高的要求，比如，不要一看到孩子考试不及格，就着急上火，大吼大叫："你这书白读了，你看看人家小明，能考90多分，人家还考过满分。再看看你，连及格都考不到！"

为什么开口就要一个学习有困难的孩子考90分、100分？你完全可以先提出一个小要求，当孩子达到这个要求后再通过鼓励逐步向其提出更高的要求，孩子往往更容易接受并力求达到。

记住，使用这个说服策略的关键，就在于第一个问题，你要先让对方说"是"。如果对方开口第一句话，是对你的意见表示认同，那么接下来的说服会顺利得多。那么怎样才能达成这样目的呢？以下是几个要点：

（1）开始提的小要求，应该符合实际，能让对方比较容易就达成。说服孩子去做事情，尤其要注意这一点，即“跳起够得着”，让孩子经过努力能够达到，这样他才能够获得成功的喜悦，才会接受下一层次的目标。

（2）你可以提出多个小要求，但不要一股脑将所有的要求都提出来。把说服对象淹没在要求当中，将会让你失去说服的机会。比如，要求孩子养成良好的习惯，你可以先让孩子学会说“你好”，等到孩子学会之后，再让孩子学“谢谢”，而不要一下子就将所有需要学习的东西都摆在台面上，那样会吓到孩子，让孩子产生畏难情绪，最终退缩。

（3）一定要学会欣赏，保持赞美，不断微笑，对对方的回应做出积极的、鼓励性的评价。一个赞许的点头，一个满意的微笑，一次真诚的祝福，都可能唤起说服对象的热情，使他们获得满足感和自豪感。而当他们拥有满足感和自豪感的时候，也就是他们最愿意接受要求的时候。

（4）你要有这样的思维：去争取更多，而不是获得一切。每个人都想获得一切，但事实上没有人能够做到这一点。我们只能尽力争取更多，为了获取更多，甚至有时候我们还需要做出让步。如果你从一开始就保持着想要获得一切的想法去说服，那么最大的可能就是一无所获——被对方完全拒绝。

“趋利”心态，让利益帮你说服

就人类协作关系的本质上而言，你的员工之所以为你卖命，并不是因为你完美的五官和善良的心灵，也不是因你风度翩翩的举止和如日月当空的个人魅力，而是因为能获得足够的“好处”。

人际交往也是如此，朋友间人情的本质也在“好处”二字。一个人愿意借钱给你，除了希望能够帮助你，他心里也有自己的小算盘：等他将来需要帮助的时候，你也会慷慨相助，甚至你能拿出今天10倍的钱，帮他摆脱潜在的麻烦。

反之，假如你的好朋友在你借钱时闭口不语，转移话题，支支吾吾，那他绝对不是在考虑“没钱借给你”，而是在计算你的还钱能力。他会在心里打算盘：今天我把钱借给他，不知猴年马月能还给我，而且以他的财力，将来我用到他的可能性是几乎没有。于是，他做出最后决定，委婉地说“不借”。

我们采取什么样的行动一直由“好处”决定。尽管这并不绝对，人格高尚者不乏其人，但对于这个星球上的大部分人来说，它十分精确地描绘了人们内心的真实想法。几乎全部的营销行为都在运用这一条人性本质，利用人们趋利的心态来进行消费洗脑。

请看一个关于“手环”的故事：

在首饰店里，有一位女顾客看到两只一模一样的镯子。不同的是，一只标价550元，另一只却标价250元。她非常高兴，立刻买下250元的手环，然后得意扬扬地离开了。

谁知她刚出去不久，里面的店员就悄悄对另一个店员说：“看吧，咱们这一招屡试不爽，她真觉得自己捡了个大便宜呢！”

这样的利益试探，总是能轻而易举地让许多人显露出贪婪的本性，然而那常常是吃亏受骗的开始。“好处”勾引着人们犯错，诱使他们毫无畏惧地走进别人设计好的圈套。

如果需要用利益控制无关紧要的人，他们通常会选择赤裸裸的方式，比如临时工、街头广告员、营销公司和那些游离在你圈子之外的可以提供服务的人。在这些事情上，其实你只要能够出钱就可以了，根本不需要对他们进行任何关于信仰或价值观的洗脑。他们也决然不会相信！因为他们都已经有自己的信仰了：有利可图，我就去做；无利可图，那就算了吧。

避害和趋利是人的本性，有一些实验证明，人们“避害”的心理要比“趋利”要超出很多。其实，避开危险也是“好处”的一种，而且是最基本的。人们普遍都有“安全边际”的心态：得不到好处也没关系，但我绝对不能给自己带来麻烦。

有一位老师带着一箱印有校名和校徽的马克杯走进了教室，这些马克杯的单价为5美元。当老师询问班上的同学是否愿意花5美元来买这个杯子的时候，同学们大多表示对这个马克杯没有什么兴趣，几乎没有人愿意买。

接着，这个老师又换了另一间教室，跟上次不同的是，这次他一进门就先送给每一位同学一个马克杯。过了一会儿，这位老师宣布，现在他愿意以7美元的价格把刚才发下去的杯子买回来，当然同学们有卖或者不卖的权利，但是不存在讨价还价的余地。

老师问："有多少同学愿意把这个杯子卖给我？"没想到这次愿意卖杯子的人居然也寥寥无几，大部分同学都不愿意把杯子以7美元的价格出售。

从避害理论的角度分析，同样一批马克杯，面对差不多的两个班级的学生，在第一个教室，学生们不愿意以5美元的价格买下杯子，这说明他们觉得老师拿来的杯子的价值低于5美元，也就是说，他们觉得当自己需要将杯子卖出的时候，他们很难以高于5美元的价格卖掉。从这次交易行为中，他们不会得到好处，只有坏处和风险。因此，基于不想吃亏的心态，第一个教室的学生拒绝了老师的建议。

但是为什么在第二个教室，当价格增加到7美元时，又没有几个同学愿意卖出同样的杯子呢？这种现象叫作"赋予效应"，意思是说，在一个人拥有某项物品后，他对该物品价值的评价要比没有拥有之前大大增高。

这时，学生会这么想，既然老师愿意用7美元将杯子买回去，说明杯子的价值远远高于7美元。“老师肯定不是那种容易吃亏上当的人，如果不划算，他是不会用7美元把杯子买回去的！”基于从未来的交易行为中赚取好处的心态，第二个教室的学生也拒绝了老师的提议，因为他们认定自己占了便宜。也许这些学生会在下课后自己去兜售这些杯子，或者收藏起来。

在行为经济学中，赋予效应可以用“损失规避”的理论来进行解释，这当然正好迎合了人们的普遍心态。这个理论提出，一定量的损失给人们带来的效用降低，要比相同的收益给人们带来的效用增加更多一些。因此，人们在决策过程中对利害的权衡非常不均衡，对于“避害”的考虑要比对“趋利”的考虑多得多。

在出卖商品时，由于对损失的畏惧，不想让自己吃亏，人们通常会索要过高的价格，这很容易导致买卖双方的心理价格出现偏差。这种非理性的行为是普遍存在的，它会导致市场效率的降低，而且并不会因交易者交易经验的增加而消除。

利益的诱惑究竟有多大呢？研究者经过了大量的试验和调查，甚至专门对跨国公司的高管们在经营决策过程中的心态变化做过细致的研究，但并没有得出一个准确的答案。在面对利益诱惑的时候，每个人的表现和选择都不尽相同，这跟人们的认识程度和他们对于利益的需求度有很大的关系。

但是，假如用辩证的思维来思考这个问题，我们就会发现，其实任何人都无一例外地、无时无刻不经受着各种利益的诱惑。意志坚定的人，也许用顽强的意志和清醒的意识抵抗“利益陷阱”，让自己胜出一次；而意志薄弱者则很容易趋向利益的诱惑，陷入泥潭之中无法自拔。

由无数的个体组成的群体，通常具备这样的特质：在面对利益诱惑时，他们会一齐拥上前去；而在面对损失的威胁时，大家又会一哄而散，争先恐后的撒腿逃跑。在股市中，由价格的暂时变化导致的投资者集体涌入和逃离的行为，就很好地证实了这种心态的存在。对说服者来说，把握好人们的这种心态非常关键，甚至直接决定着说服的成败。

Part 04　共享信息，做懂逻辑的“泄密者”

在这个信息爆炸的时代，很多信息变得公开而透明，但是对于某些隐藏起来的信息，人们更多了一些窥探的欲望。与别人分享一些信息，才能从别人那里得到一些信息，这种交换的方式，让说服变得简单起来。

掩饰和逃避，逻辑不通的信息处理方式

不仅是中国的企业，在世界各地的企业都存在一个非常有意思的现象：管理者不停地逃避各类问题，害怕让别人知道关于企业的真实信息。身处职场，我想大家对下列事态应该并不陌生：

老板一直逃避悬而未决的问题，结果员工对公司失去信心。

工程师把案子搞砸了，还逃避上司的责问，被生气的主管开除了。

销售员为了逃避客户的纠缠，只好把他拉进黑名单，导致自己的业绩直线下滑。

在特定的情境下，逃避问题、不想说实话是人类的本能反应，人们害怕说出事实会给自己带来尴尬和痛苦。因此，大部分人在实际的沟通和交流中，害怕什么就想要逃避什么，比如回避见面，绝口不谈，或者转移话题，这会在某种程度上帮助人们暂时逃离困境。

然而，并不是所有的事情都可以逃避过去，掩盖信息通常会使状况变得越来越糟。在日常生活中，某些男士喜欢逃避情感问题，这尽管能躲过一时，但当伴侣无可忍受的时候，就会引发严重的家庭问题。特别是面对一些问题的死角时，我们根本绕不过去，只要问题一天不解决，它还是会卷土重来。然而，当我们不准备回避时，却又能惊奇地发现，自己正在慢慢地找到应对之策。

每个人都有“不想诚实”的权利，但如何在运用好这项权利的同时，又搞好跟探秘者的关系，则是一门学问。

有人感慨地说：“在女人、员工和上司面前，我们似乎没有诚实的权利！”的确如此，我觉得这就是一个定理。只有牢牢地记住这个定理，我们才能从容地应付他们的各类问题。

比如妻子抛出的“是非题”。妻子忧心忡忡地问你：“你帮我看一下，我的眼角是不是新增了许多小细纹？”尽管你打心眼里觉得，她的鱼尾纹深若海沟，可你决不能说出任何承认这一事实的字眼，你要不动声色地戴上眼镜，在仔细观察一会儿后，斩钉截铁地回答：“没有啊！根本就看不出来！”或者你要立刻告诉她：“一点都没有，我感觉非常好，你看这些部位，一直都那么平整！”

你千万别说那些肯定的字眼，比如“是啊亲爱的，有些鱼尾纹！但这有什么关系呢，我对你的爱跟初恋时一样！”假如你这样说了，即便你借此表达了“对她的爱意永远不会变”，她也会产生失望和恼怒的情绪。因为妻子现在关注的重点并不是你“是否爱她”，而是她自己“是否仍然美丽”。这就是女人与男人在看待问题时关注点不同。

当你明确不能运用诚实面对提问者时，这类问题的解答只有一个，而且永远都不是你脑海中浮现的真实感受。你必须说出那个对方在其心中早就预设好的答案，这样才会让对方感到满意。当然，你也成功地掩饰了内心的真实答案，并且逃过提问者对如实回答者的责难。

还有一类“必须”回答的问题，就是记者或好事者提出的尖锐问题。我现在就告诉你如何狡猾地逃避记者的刁难，或者是那些永远都不想回答的问题。这些必须回答、同时又不能不逃避的问题，如性丑闻、债务危机、收购传闻、股价和情报泄密都在此列。有时候，这是政客们惯用的伎俩之一，有时却被列为危机公关的一部分。

如果你是总裁委任的公司新闻发言人，记者提出了对于公司极为不利的问题，你会如何应对呢？

身为一名演艺明星，记者对你的隐私穷追到底，你要如何回应呢？

当遇到了不愿回答的问题，人们通常会岔开话题，去回答另一个问题。可是在将问题转移之前，你首先要突破一个难关，那就是想办法转移对方的注意力。否则，你很难让对方接受你要回答的——它不是对方提问的那一个，而是彼此不相关的另一个话题。高德公司与哈佛大学肯尼迪政治学院的教授罗杰斯和哈佛商学院的诺顿在一次联合项目的研究中，提出了一项对交际领域有划时代意义的“转移话题策略”：

去正面地回答相似的问题，使对方无法回忆起刚才的问题；或者当对方的注意力集中在社会性的目标或是没有明确目标时，更不容易发现回答者已经避开了问题。

所以，一般情况下，你都可以巧妙地通过这个方法逃避别人的问题。需要明确的是，逃避不等于欺骗，只是转移注意力。只要能遵循下列四项良好的合作交流原则，你就可以在成功逃避问题的同时营造和谐的人际关系。

（1）交流时要含有一定的信息量，而且要有双方必需的信息；

（2）交流要讲究诚信，不要虚伪的态度和明显的欺骗之举；

（3）要用适当的方式来交谈，以免引起反感；

（4）交流要跟当前的话题相联系，不能脱离太远，蛮横或软弱逃避，这些态度都是不可取的。

由于上述四项原则是高德公司提出的，所以它们被称为“高德合作原则”。在企业内部同事、上下级间的交流中，这些原则极其重要。这不仅有利于回避问题，而且还能帮助解决问题。我们绝对不是倡导欺诈，这是首先声明的，因为只是侧重了某一个方面。

提问者或其他听众都希望你说的话就是诚信的，为了彼此信任，你也有责任给予这种诚信——当然你不能放弃某种自卫的技巧，以掩盖实质，来减轻舆论的冲击对组织和你个人声名的不利因素。同时，你说的话是跟问题或主题有所关联的，并且能让对方从你的回答中得到一定量的信息，所以不会引起严重的怀疑。

如此说来，“聪明的滑头”应该是最受欢迎的。这类人总是能成功地转移公众的注意力，就像足球场上的假动作，在自己不违规的前提下，让对方因为重心的失误而跌倒。完成一次过人，这是技术问题，与道德没有关系。

在变换角度时，我们除了要注意回答问题的方式之外，还要注意说话的语气。对于那些能够流利解答相似问题的人，人们通常会给予更高的评价——虽然明知对方的论述掺杂水分，也不会过于苛责。而对于那些诚实和直接回答问题的人，假如说得没有连贯性，那么其得到的评价就会比前者低，虽然人们都知道，他没有说谎，是一个讲究诚信的人。

请别误会，我并不是在传授一种谎言准则，而是告诉你，一个“聪明的滑头”看起来更容易得到别人的信任。当然，在这个过程中，自信是不可欠缺的素质。

掌握逻辑技巧，轻巧转移话题

转移话题，就是不露痕迹地用一个新的、跟原本的话题有一定联系的论题取代原本的论题，从而将别人的注意力引开，自己就能够避开那些原本难以解答的，或者是不想深入谈论的话题。简单来讲，转移话题就是巧妙地利用语言使人们投注在自己身上或某件事上的注意力转移到别处。

任何人都有自己不想谈论的事情或者是不想遇到的事情，可是，这些事情并不会因为我们不喜欢就不出现。每当这个时候，人们就只好想方设法地避开这些令自己讨厌的话题。而大家最常用的方法，就是利用人类的惯性思维——被新事物吸引的惯性思维来转移话题。因此，转移话题这种现象，每天都会出现在人们的生活中。

首先，我们来说说什么情况需要转移话题。

1. 遭遇尖锐质问

这种情况大多发生在公众人物的身上，尤以政客居多。政客们以政治活动为职业，在这个复杂的圈子中，鱼龙混杂，难免有人为了自己的利益去牺牲大众的利益。因此他们常常会面对媒体记者的尖锐质问，尤其是当他们被爆出丑闻的时候，可是这些狡猾的政客总是有办法躲过责难，甚至一直保持风度翩翩的样子。

在一次大型会议上，一位刚刚爆出外遇丑闻的政客照常出席，记者锲而不舍地跟在他身后追问："请问你此次传出的外遇传闻是否属实？"

那位政客的回答是："我非常爱我的妻子，我非常爱我的家人。"

"那你平时都如何跟你的妻子相处呢？"

"我们非常相爱，上一周在普罗旺斯度完了第N次蜜月。"

"哦？普罗旺斯现在的景色怎么样？"

"美好得根本不能用言语来形容。"

不难看出，记者已经忘记了自己最初的问题。遇到这种情况，不要直接承认，也不要直接否认，更不要回答对方的问题，巧妙地回答自己想回答的问题，诱导对方对自己所说的话继续追问，并最终将原本的问题完全忽略。

2. 陷入尴尬气氛

这种情况可能发生在每个人身上。一般来说，尴尬的产生有两种原因：一是，一个人在特定的场合里出现了不该有或不同于众人的举动；二是，一个人陷入了两难境地。请看下面的故事。

休息时间，技术部的同事们坐在一起喝茶聊天。有人提议每人说一件发生在自己身上的尴尬事。

心直口快的新同事瑞瑞马上说：“我曾经在电梯里放了一个很响的响屁。”

大家听到瑞瑞这么一说，立刻哄然大笑，一些同事原本还觉得不好意思说，现在都放松了下来，一个接一个地把自己的糗事讲出来。

同事老张说：“我曾经穿着两只不同的鞋子来上班，一直到公司也没有发现，幸好门卫大叔告诉了我，我才跑回家换鞋子。”

同事小邵说：“我曾经在一个葬礼上笑场了，根本控制不住。”

同事邱丽说：“我曾经在一个大型超市里挑了一大堆东西，在收银小姐清点完毕后，一摸口袋才发现钱包是空的。”

众人你一言我一语，每个人说完都会引发一阵笑声，只有主管一言不发，一副想要开溜的样子。同事们当然不会放过这个大好时机了，七嘴八舌地围攻主管，要他说出他做过的最尴尬的事。

主管被七八个下属缠得受不了，万分无奈地说：“我曾经接受一个电视台的采访，采访完毕后，主持人才告诉我，我的门牙上粘着一片菜叶。”

大家听完后笑得直不起要来，而且觉得眼前的这个主管很可爱，更加平易近人。

看完上面的故事，大家是否都会不由得地笑起来？说不定你们也回忆起了自己以前发生过的糗事。主管在平时的工作中是大家的领头，假如这个时候把自己的尴尬事说出来，那很可能会减弱自己以前努力树立的威信；但是如果不讲，每个人都说了自己的尴尬事，就只有他例外，似乎显得不公平。在这个进退两难的时候，主管急中生智，说了一件无伤大雅但是却十分幽默的事情。

从这件事不难看出，在跟人谈话的过程中，除了埋头做鸵鸟，最好的方法就是挖掘你的幽默细胞，迅速说出几句令人忍俊不禁的话，进而让对方忘记你刚才的所作所为，以避免自己陷入尴尬的境地。

3．要摆脱某人

有时候人们想要去做一件事情，但是身边总是跟随着一些不方便同往的人。当别人因你的事而产生好奇心的时候，你可以利用人们被新事物吸引的惯性思维，提出一个更新的事物，或者是找出一件比满足对方的好奇心更重要的事情，这样就可以转移对方的注意，摆脱跟在自己身后的“跟屁虫”了。

那么，怎样才能成功地转移话题呢？

下面，我将结合实例教大家如何进行“话题转移”。

1．勇敢地给予反问

某学生是哈佛大学的高才生，在校期间一直努力学习，各方面的成绩都非常出色。毕业后，他因兴趣跑到CIA去应聘，探长礼貌地接待了他，然后按照程序对某学生进行考核。这位学生的表现出人意料的好，探长本来觉得他并不是专业人士，录取他的可能性应该不大。但是，现在看来，这些专业性的问题都难不倒他。

探长一时兴起，随口说出一道题目：“你一定很熟悉你的书本，你就说说美学史课本上的第90页讲了哪些内容吧。”

这位学生傻眼了，很镇定地说：“探长的名字应该天天都在写吧？那么请问你的名字一共有多少笔？”

探长哈哈大笑，觉得不录取某学生是CIA的损失。

这位学生以同样的方式反问探长，令探长也体会了这种“滋味”，最后不但避免了回答不出问题的尴尬，还表现出自己的果敢和过人的机智，得到探长赏识。

2. 展现诙谐魅力

有一次，林肯总统举行大型演讲。当总统正讲得兴致勃勃，观众正听得津津有味之时，坐在第一排的林肯夫人突然从椅子上摔了下来，姿势极为不雅，霎时成了众人的焦点。

气氛非常尴尬，众人想笑却又不敢，都等着看林肯如何处理这样的突发情况。此时，不管林肯是责备还是走过去将夫人扶起来，都对缓解这种尴尬的气氛没有帮助。只见他微笑着对满脸通红的夫人说：“亲爱的，我们不是约好了吗，等到我演讲结束之后，你才以此作为庆贺吗？”

众人听了哈哈大笑，尴尬的气氛也消失于无形。

林肯总统用幽默转移了大家的视角，化解了尴尬，这不失为一种最有智慧的做法。

转移话题是一件很容易的事，不过，话题要转移得漂亮利落，又不留下蛛丝马迹是很难的。如果你不懂得如何巧妙地转移话题，又硬要转移话题，结果可能会适得其反。比如你生硬地转移话题，说话支支吾吾，让对方发现了你的意图，那么他们就会发现你不想谈论这件事，也不想回答他们提出的问题。接下来，对方就会先入为主，觉得你是因为心虚，才不敢回应这个问题。所以，转移话题一定要慎重。

不多不少，恰到好处地泄露秘密

不管做什么事情，每个人都会预先设一个底线，在泄密这件事情上，你的底线在哪里？假如你必须让对方看到一部分信息，从而对你付出信任，你会开口吗？在选择开口的情况下，你最多会讲出多少呢？

无数事实证明，那些最先失败的人，往往都是过早地将自己的底牌亮出去的人。在离论成败尚远的时候，羽翼未丰满的时候，最忌讳的就是四处张扬，因为这是决定你有没有机会出局的关键。

想出局就要懂得做局。把自己当成一个演员，把人生当作舞台，通过出色的表演掩饰真实的目的，这是历来不可或缺的做局之道。大智若愚的人，通常也是懂得装傻卖痴之人，他们绝对不是傻瓜，而是深谙隐藏锋芒。俗话说得好，“树大招风”，做人千万不可张狂跋扈、锋芒太露，这样不仅容易暴露目标，而且还容易惹人疑心。

在跟对手过招的时候，聪明的人最擅长于“装傻”：他们不表露自己的高明，更不会故作聪明地纠正对方的错误。当然，要做到这些离不开高超的演技，没有高超的演技，就不能“骗得过”对方，更不能把局做得恰到好处。

不管你从事什么行业，每个行业有着类似的规则，如果想成为笑到最后的赢家，就要努力地扮演好自己的角色，尽力做到“深藏不露”。其实，演戏的本领是一个人的阅历和性格的体现，是一种处世境界。城府深的人从来不会将自己的事情全盘托出，即便是对微不足道的小事，也不会信口开河，因为他们深知“祸从口出，患从口入”。

在职场逻辑高手之间，流传着一个泄密百分比，它建议大家恰如其分的透露信息。一般来说，讲得越少听得也就越多，所以我们务必要时刻记住，自己能够透露的只有10%。自古以来，成功者都很少谈论自己或他人，更不会轻易泄露自己的本性，他们很清楚泄密百分比对人生和事业的重要性。能否把握好这个度至关重要，把握好了就能得到更多的机会，而一旦超过了这个限度，我们就是暴露了自己。

然而，刚走进社会的年轻人，由于社会阅历尚浅，大部分都比较稚嫩。他们对委屈和打击的承受能力很差，受到一丁点的刺激，都会急于解释和辩驳，甚至像展示商品一样把自己的所有毫无保留地袒露在别人面前，很轻易就让对方看清了自己的底牌。所以，他们常常受人利用，成了别人的工具。

从某种意义上来说，我们要像乌龟一样生活才能自保，在一切都不充足的时候老老实实地缩在壳里，无论外面发生了什么都不要探出脑袋。乌龟知道自己有一个致命伤，只要不小心袒露了自己的肚皮，想要翻过身来就困难了。我们又何尝不是如此呢？

在说服对方的过程中，适当透露信息，能够让对方敞开心扉，为说服创造有利条件。但是信息泄露过多，则会底牌尽失，失去挖掘对方信息的机会。所以说，“泄密”的度一定要掌握好。

你的秘密，自己不守谁来守

语言逻辑高手通常会为自己的秘密准备三个锦囊，其中有两个是永远不会打开的。一个装的是最坏的消息，另一个装的是最好的消息。在必要的时候，他们会将中间的袋子打开，让那些非看不可的人瞧一眼。对方自以为这就是真正的秘密，其实不过是虚假新闻。

隐私就如同私人账户密码一般，没有人会随便地说出来，更不用宣扬出去。那些伺机窥探你秘密的人，从某种程度上说就是小偷，你要给自己的隐私加一把锁，看守好，不要随便把钥匙交出来。假如没有什么必要，你没有任何义务把隐私坦白出去讨好别人。即便是为了跟对方交换信息，找到说服对方的突破口，也不能将所有的秘密都展现在对方面前。

千万别傻乎乎地以为别人会对你很交心，要是你这么想，只能证明你太单纯了，而别人会觉得你是连自己都保护不好的大傻瓜。

在罗斯福担任海军助理部长的时候，有一天，一位好友突然来访。在他们的谈话过程中，这位朋友貌似不经意地提及海军在加勒比海某岛建立基地的事情。

那位来访的好友说：“我的朋友，我希望你能透露一下，我所听到的那些关于基地的传闻是否确有其事。”

罗斯福神秘地起身四处张望了一番，然后故意压低嗓音向朋友询问：“对于不便外传的信息，你能绝对保密吗？”

“能！”好友急切而又肯定地回答，甚至将上半身探了过去。

“那么，我也能。”罗斯福微笑着说。

能够说出去的事情是不能称作“秘密”的，只能成为“难言之隐”。一般来说，“难言之隐”通常都有时效性，到了一定的阶段和时机，人们就会自然释怀。比如，一次不幸的遭遇、一段不堪回首的经历、自己做过的一件不光彩的事情、感情方面的背叛……这些多是人们不希望发生或不能接受的事情。在自我保护意识的驱动下，这些“秘密”都会被我们隐藏在自己的内心深处。

但事实是，几乎所有人都有寻求他人理解和渴望找到情绪出口的本能，于是“倾诉”就成了最快速实现的通道。当遇到一个让自己感觉可以信任和理解的人，或者在内心最脆弱和冲动的瞬间，人们便会忍不住把自己的秘密全盘托出，而“说出去”的后果则被情绪冲到了脑后。在之后的某一天，流言蜚语和灾祸往往会不期而至，秘密的主人才如梦初醒，悔不当初。

很多女人之间的矛盾都跟“秘密”有关。你会见到两个曾经亲密无间的女人，从无话不谈的闺中密友变成水火不容的仇家。她们之间的“小事”可能无伤大雅，可是两人最终却翻了脸。为什么呢？因为在某次争吵中，其中一个女人把对方的秘密当成了发泄和反击的工具，在大庭广众之下说了出来，这使得对方非常难堪，名誉受到很大的影响。

在一些反映政界风云的影片中，我们经常会看到类似的情节，某位高层领导人的隐私被拿来当作攻击利器，而这些生活的隐私，使他们从如日中天的政界宠儿跌入万丈深渊，甚至他们的家人都受到了牵连。

道理很简单，假如你希望“你的事情”成为秘密，就不要讲出去，就算是面对最亲近的人追问，也要守口如瓶。假如不是非说不可，最不应该告诉的对象就是“值得信赖的人”。连你自己都无法保守的秘密，别人又怎么能够为你守口如瓶呢？

从某种意义上说，说出内心的秘密会暂时减轻负担和负罪感，也会得到短暂的解脱。但是请不要忘记，秘密的公开往往意味着把自己的弱点和脆弱暴露给了别人。一旦如此，你的说服力将会变弱，甚至没有说服对方的可能。

绝对正确的逻辑道理，不存在的

世界上从来都不存在绝对成立的真理，类似的，逻辑在形式上能做到绝对正确，但在内容上则是绝对和相对的统一体。正如警察在调查中发现的事实一样，都是针对特定的条件和场景成立的，脱离了这个案发现场，证据就不一定有价值了。

以天圆地方之说为例。在古代的中国，假如你说“天是圆的，地是方的”，在当时的条件下自然是绝对正确的逻辑。因为古代的中国地域辽阔，人口聚集地多是一望无际的大平原，人往大地上一站，天似穹庐，笼盖四野，天空如同一个大锅盖盖在大地上，根据自己的生活经验，古人们自然会创造出“天圆地方”。

这样的逻辑在中国说得通，但到古代的希腊就不成立了。因为希腊是环海、多地震的国家，吉希腊人望向四周都是茫茫的海，因此，古希腊人会对他们的子孙说：“世界是一条大鲸鱼，人生活在鲸鱼的背上，什么时候鲸鱼痒痒了，就会翻翻身，于是地震就来了。”

实质上，两个国家的人所说的话似乎都有道理，他们的逻辑都是相对成立的。但是，在科学发达的21世纪，假如你声称天圆地方或者世界是一条大鲸鱼，那就大错特错了。

假如一个人不分清情况、地点和说话的对象，一味地认定某些逻辑必然正确或者错误，那很容易闹出大笑话。

在语言逻辑高手看来，所谓的绝对逻辑，是不管在任何情况下，经过推理可以判断出来的形式和内容正确的事实。而与此相对，所谓的相对逻辑，是在一定条件下才成立的推理。

俗话说“到什么山唱什么歌”，这句话对沟通同样适用，在沟通中不注重相对与绝对很容易造成沟通困境。假如一个人不注重自己身处的环境，具体问题具体分析，混淆了逻辑的绝对性和相对性，那他很容易授人以柄。

在同学们的怂恿下，一个学生拿着一叠试卷来到老师的办公室，说：“这些练习试卷很难做，周末又只有两天，我还有其他的功课要做，是绝对做不完的。”

“辩证地来说，世事无绝对。凡事事在人为，别人都可以做到，为什么你不可以呢？”

学生不服气地反驳：“既然你说世事无绝对，那我怎么知道你的话是绝对正确的呢？”

老师顿时哑口无言。

其实，在上面的这段对话中，学生的错误在于混淆了逻辑的相对性和绝对性的关系。老师说的不是绝对正确的，而是在当时被人们所承认的相对正确的真理。因此，把这种相对正确的话语当成绝对正确的话语，通常会让对方感到难解，并给双方的沟通造成障碍。

如果想把握绝对和相对的平衡，那就要在沟通中避免以自我为中心。在日常的对话中，假如在跟对方交谈前说话者只考虑自己的想法，围绕自己转，那么他就会认为自己是绝对正确的一方，在这种绝对逻辑的引导之下，说话者往往会先入为主，渴望得到肯定的答案，从而阻碍了双方的交流。

非典爆发后，全国各地都出现了一阵不小的抢盐风波。为此，广州某所大学的学生做了一次问卷调查，想要理清这个谣言事件发生的原因和过程。

准备好资料后，大学生来到街头对市民们进行访问。他们提出的问题如下：

“请问你是否听到过抢盐风波的谣言？”

“请问你是否参与过抢盐风波的谣言传播？”

“你认为这次谣言危机的直接原因是什么？”

然而，大部分市民对大学生的问题却纷纷摇头，表示听不懂问卷的内容。因为普通市民根本不理解什么才是“谣言”，也没听过“危机传播”等名词。

问卷调查之所以会失败，是因为大学生们在设计问卷时，只是站在自身的学术研究角度去设计，对他们来说，这种说法在调查研究中是绝对正确的。殊不知，这种个人主义的想法很容易造成调查者与被调查者之间的交流障碍。

如果想避免在话语中出现这种情况，我们就要站在对方的角度去考虑，把自己的“自以为绝对”摒弃掉。这样才能进行有效地沟通，而不是一句话就逼得对方拂袖而去。

语言逻辑高手提醒大家，绝对和相对的逻辑都是依据一定的事实和条件推断的。因此，为了让我们的话语有理有据，在谈话时我们不能忽视话语逻辑成立的前提，只有把前因和后果都说明白，逻辑才会更为清晰。

总之，这个世界上从来就不存在绝对正确的逻辑，如果我们学会把握逻辑的绝对性与相对性的平衡，那就可以让自己在交流中游刃有余。

Part 05 有逻辑地发问，挖掘隐藏起来的真相

想要说服对方，了解对方的想法是前提条件。通过有逻辑的提问，可以逐步走进对方的内心世界，发现被隐藏的信息和真相。对于说服者来说，这是一条挖掘信息的有效途径。

两个常见问题："是什么"和"应不应该"

在提问的时候，有两个问题很常见，即"是什么""应不应该"的问题。如果能识别这两种较有代表性的论题，对我们的提问能力不无裨益。请看下面几个问题，它们阐明了其中的一类论题。

（1）音乐学习是不是对提高一个人的数学能力有帮助？

（2）家庭暴力最常见的诱因是什么？

（3）服用帕罗西汀是不是能够治疗抑郁症？

（4）美国2020年用于医疗保险的支出将会达到多少？

（5）伊利诺伊大学心理学研究院的水平如何？

上面全部的问题都有一个共同点。对它们的解答无一例外地都要对世界万物过去、现在或将来的存在方式进行描述。比如，前两个问题的答案有可能是："一般来说，跟没有受过音乐训练的孩子相比，受过音乐训练的孩子学起数学来要更省力""相关资料证实，长期酗酒是引发家庭暴力的最常见原因之一"。

这些论题都属于描述性论题，描述性论题是指对过去、现在或将来的各种描述的精确与否提出的问题。这类论题主要反映了人类对世间万物存在形式和秩序的好奇，常见于教材、杂志、互联网及电视节目中。

接下来，我们再看几个关于第二类论题的例子：

（1）公立学校里应不应该开设智能设计课程?

（2）对医疗补助欺诈应该采取什么措施?

（3）我们应该立法禁止使用运动型轿车还是应该接受哮喘病发病率的直线上升的现状?

上述三个问题需要的答案都显示出世间万物应该呈现的样子。比如，前两个问题的答案可能是："公立学校里应该开设智能设计课程""我们应该采取更加严厉的惩罚措施来对付医疗补助欺诈"。

这些论题都属于伦理或道德范畴，它们主要提出一些什么是对什么是错、什么该有什么不该有、什么是好什么是坏之类的问题。这类论题需要的是规定性的答案。因此，我们将这些问题叫作规定性论题。一般来说，社会论证都属于规定性论题的范畴。

表面上看，这样说似乎有点儿过于简单和笼统了，因为很多时候，我们很难判断自己讨论的到底是哪一类论题。但是，记住这两种不同的论题类型非常有效，因为你最终得到什么样的答案，主要取决于你所提问的论题的类型，不同类型的论题，回答者的答案也自然会有所不同。

最佳逻辑策略，让说服继续下去

每个人都有提问的欲望，从会说话开始，我们就在问“为什么”，这是一种普遍的社交活动。当对他人的看法和结论不断质疑时，我们就会想了解他们是怎么想的，会有什么样的反应。假如跟我们交流的人的主要价值观和我们自己的价值观一致，那么我们的提问就会受到欢迎，因为大家面对的是同一个问题，所以，就能一起探寻最佳的解答。但是这种共同成长的绝佳机会并是社会交往的唯一模式，提问也不是一件顺利的事情。

有些人并不喜欢别人来探询他们的思考过程，常常是，别人一问到他们，他们就觉得别人是没事找茬，存心跟他们过不去。有的人甚至会想：他为什么要问我这么多难对付的问题？他为什么不愿意接受我的说法？假如你求知若渴地不断追问，而他们的反应却是反问你为什么要这样没完没了，千万不要感到惊讶。很多人就是不习惯别人对某个观点的来龙去脉感兴趣，更不喜欢被人打破砂锅问到底。

在论证的过程中，如果能恰如其分的提出关键问题和回答好问题，结局会大不一样。由于我们将论证视为一种机制，依靠这种机制，我们可以对当前的结论巩固充实、删繁就简，因此我们使用的“论证”这个概念，也有了迥然不同的含义。一个论证是两种不同形式的陈述之间的结合，两种陈述是指一个结论和支持这一结论的理由。正是理由和结论之间的紧密结合，才支撑起一个完整的论证过程。我们之所以提供一定的论证，是因为我们关心别人以怎样的方式生活，他们相信些什么。而我们能不断取得进步，则是因为别人足够关心我们，为我们提供各种各样的论证，而且对我们的论证给予客观评估。在这个过程中，我们慢慢成长为有思想的人。

最重要的一点是，当你进行提问的时候，一定要让对方明白你好学上进。此外，要让他们相信你的本意是好的，假如你同他们存在分歧，无论这些分歧有多重要多严重，都不应该以口诛笔伐而收场。

下面就为大家提供一些对话策略，你可以利用这些策略来让谈话继续下去，以避免中断的情况出现。

（1）尽量对别人的言论表示理解，你可以这样进行提问：“我似乎听你说过这个。”

（2）问一下对方，是否有证据能让他改变自己的观点。

（3）提议暂停一段时间，然后双方分别寻找支撑自己结论的有力证据。

（4）问一问别人，为什么他觉得你用来支持结论的那些证据不具有足够的说服力。

（5）尽量弥合分歧。假如你接受对方的最好理由，不妨将这些理由跟你的最好理由放到一起，这有助于发现一个你们双方都可以接受的新结论。

（6）确认一些共同的价值观或其他一致同意的结论，然后以此为基础，找出对话中出现分歧的原点。

（7）即便好奇心很重，也要表现得体贴关心和不温不火。如果讨论的语气升温，就要不断提醒自己，我是来虚心学习的，舌战群英对我没有好处。

（8）无论你的表情还是肢体动作，都要表现出谦恭的样子，而不是摆出一副全知全能、目空一切的姿态。

当双方因意见不合而剑拔弩张时，你就可以选择营造这样一种欢迎讨论和提问的氛围，让讲道理的人可以体面而又大方地表达自己的意见。

对于想知道“为什么”的提问者来说，如果不注意自己的语气，在跟别人交流时很可能会付出高昂的代价。尤其是剑拔弩张的说话方式，会将我们自己与我们打算交流的那些人彻底隔绝起来，使谈话的通道全部关闭。此外，这种方式和普通人的价值观是互相冲突的，大众的价值观推崇的是好奇心、谦恭有礼的态度和以理服人。

不管是谁，都可以为自己的立场据理力争，但如果采用不留情面和不容商榷的口气，无形中就关闭了通往理性思维一个重要问题的大门：我有没有可能是错的呢？对那些态度不端正的人，人们即使和他同道也不愿意跟他一起商量。

多多发问，判断言论的真实性

在提问的过程中，几乎我们遇到的所有推理论证都包含了这样三方面内容，即这个世界曾经是什么样、现在是什么样和将来是什么样。这些看法形式不一，可能是结论，可能是理由，也可能是假设，但说话者的目的却是一样的，他们希望我们将这些看法当作“事实”来接受。逻辑专家把这些看法叫作事实断言。

面对事实断言，我们要提出的第一个问题就是：“我为什么要相信它？”

接下来要提出的问题是：“这个断言是否需要证据来加以证实？”假如需要证据，但又没有看到证据，那么这个断言就属于孤立论断，意思是这个断言没有用任何方式来加以证实。你当然有必要认认真真地怀疑孤立论断的可靠性，并进一步向对方求证。

假如有证据，那我们的第三个问题就是：“证据的效力如何？”为了客观评价推理过程，请一定要记住，跟其他事实断言相比，有些事实断言显得更加可靠。比如，认为“大部分美国参议员都是男性”这个断言是真的，可能你觉得把握很大，但是要说“练习瑜伽可以降低罹患癌症的风险”这个断言也是真的，就没有太大把握了。因为对大部分的断言来说，要证实它是绝对的真理或绝对的谬误，即便不是绝对不可能也是非常困难的。

与其四处打听它们是不是真的，我倒是宁愿问问它们是不是可靠。其实，我们可以这样问：“我们能够依靠这样的看法吗？”一般来说，某个断言的证据数量越多、质量越高，我们可以信赖它的程度就越高，我们也就越可以将这样的断言叫作“事实”。

举例来说，有大量现存的证据指出乔治·华盛顿是美利坚合众国的第一任总统。因此，我们可以认定这个断言是事实。而对于“瓶装水比自来水饮用起来要安全一些”这样的看法，则存有许多相互矛盾的证据，所以我们就不能把这个看法当成事实。对于某个断言到底是观点还是事实，其间最大的区别就在于相关证据的多少。支撑一个看法的证据越多，这个看法的“事实性”就会相对越高。

在判断一次沟通活动的说服力之前，我们要先弄清楚哪个事实论断最为可信。那么，如何确定断言的可靠性呢？我们可以问以下这样几个问题：

（1）你的证明是什么？

（2）你怎么知道它是真的？

（3）证据在哪里？

（4）你为什么相信它？

（5）你能确信它是真的吗？

（6）你可以证明吗？

假如你养成经常问这些问题的习惯，那你离跻身最佳提问者也就不远了。这些问题要求提供论证的人进一步解释这些论证的基础，以证实其言论的准确性。任何一个提出论证的人，只要他希望你认真考虑这个论证，都会毫不犹豫地回答你的这些问题。他们知道自己掌握了实质性的证据，能够证实其断言，因此他们也想让你对这些证据有所了解，希望你能渐渐认同他们的结论。假如有人对出示证据这一简单要求的反应是怒火中烧或退避三舍，那就有问题了，他们这样做很可能是因为自己觉得尴尬难为情，因为他们意识到自己没有足够证据，他们不应该对自己的看法那样底气十足。

假如经常向别人提出这些问题，那你肯定会注意到，对许多看法来说，总是找不到足够的证据干脆彻底地证实或是驳倒它们。比如，很多证据都证实“每隔一天服用一片阿司匹林能降低患心脏病的概率”这个断言，尽管同时也有一些其他的证据可以反驳这一断言。在这种情况下，我们就需要做出判断，分析证据数量上的优势到底在哪边，这样我们才能决定这一事实断言的可靠程度如何。

要想准确地做出判断，我们在对话中要提出以下重要的问题：“证据的效力如何？”根据持论者的回答，看他能在多大程度上支持自己的事实断言。事实断言的可靠程度越高，这一交流也就越具有说服力。

逻辑关系太多，提问容易出错

在日常生活中，复杂的提问总是容易出错，所以人们经常会这样问自己：“究竟是什么原因让复杂的提问出错呢？”

虽然很多人不得其解，但答案确实很简单，那是因为一个问题里包含的逻辑关系太多了。在生活中，正在看这本书的你是不是也会遇到说了很多话，别人却不知所云的情况？没关系，咱们这就来研究一下为什么别人听不懂你的“长篇大论”。

在沟通的过程中，你是不是经常会遇到这种情景呢？

情景一：“你说小斌和小军打架，然后误伤了小刚，最后小斌哭了，小军跑掉了？太乱了，没听懂。”

情景二：“你刚才讲的事情比较复杂，可以概括地说一下吗？”

情景三：“对不起，刚才的话有点儿乱，能再说清楚一些吗？”

诸如此类的对话时有发生，当自己讲得兴致勃勃之际，倾听者却说没有听清楚，你难免会有些扫兴，又有些困惑。难道自己真的没有讲明白？现在，请你认真想一想自己说话时什么地方有疏漏。

回过头来想想自己平日说的话，你的语言中是不是掺杂了许多“由于”“因为”“而且”“所以”“但是”等一系列连接词语，并由此产生很多“因果”“递进”“并列”“转折”的逻辑关系。这些连接性的词语就是使问题复杂化的元凶，生活中就有很多这样的例子。

在读书看报的时候，人们偶尔会心不在焉，发现一段没有读懂，于是就翻回去再读一次。但听别人说话就不同了，只要稍微一走神，可能就无法完全理解说话者要表达的意思，更不是要说听懂一个复杂的问题。

语言学家研究发现：人的短时间记忆能力仅有短短的7秒，如果一个句子过长，或是有太多的逻辑关系，东一句“因为”西一句“所以”的，倾听者就会被这些“因为……所以……”的逻辑关系弄得晕头转向，无法正确理解该句子。因此，对话中包含太多的逻辑关系，复杂的问题就比较容易出错。而那些出色的语言逻辑高手，往往不会犯这样的错的。

也许，只有提问者自己心里最清楚他究竟想知道什么。可是在表达意思的过程中，往往因为没有说清楚问题的关键，而导致倾听者不知道提问者到底希望知道什么，理解成其他意思。比如：

“经理刚才问‘吃得如何’，是想知道我今天吃了什么，还是想知道我跟谁一起吃的饭？”

“领导是想问我这句话是什么意思，还是想问我这句话是否应该在会上说出来？”

试想，如果你遇到一个向你提出复杂问题的重要人物，你的心里能不犯这样的嘀咕吗？不明白对方到底想要问什么，以至于自己不清楚该如何回答问题，只好猜测着来回答，结果很可能答非所问。

除此之外，还有很多人想知道到底是什么原因造成提问者提出复杂的问题，下面我们就了解一下两个常见的原因。

1．提问者自己也搞不清楚要表达什么意思

假如你是提问者的话，有的时候是不是连你自己也不清楚到底想要问什么问题呢？如果问题太多，急性子的你是不是想一次把问题都说出来？也许是因为自己的确有好几个问题想要问，又急于知道答案，就一口气全说了出来，以至于将一个问题说得冗长而复杂。

时间太短，大脑都来不及思考就说了出来。有时，我们说话会因为反应时间不够长，来不及经过大脑的认真思索，就把所有问题一股脑地倒了出来，就像“短句子恐惧症”患者一样说话很啰唆。在日本，有一种非常流行的心理病叫“短句子恐惧症”，患病者会控制不住自己，啰里啰唆地把几句话连成一句来说，让人不明所以。

诸如此类的问题，想必许多人都遇到过。所以，在提问之前，先好好地想想自己到底想要知道些什么，将自己想要说的话在大脑中过滤一遍，组织一下自己的语言，再清晰地说出来。

2. 提问者没有抓住主要矛盾，结果越说越乱

在聚餐的时候，甲公司代表对乙公司代表说：“这家公司的这款产品很好，我们公司和他们签了一个很大的订单，你们公司买了这款产品没有？要不要我去给你要点试用品？”

仔细看看上面这段话，假如你是乙公司代表，你会如何理解呢？可能你会产生以下几种不同的理解：

（1）以为甲公司代表想要帮自己去厂家要试用品；

（2）以为甲公司代表想要询问自己有没有买这款产品；

（3）以为甲公司代表觉得这间公司产品很好，假如自己公司没买，他愿意帮自己去厂家要点试用品。

这样的问题往往让回答者糊里糊涂的，到底是想问自己买没买产品，还是要去厂家给自己拿试用品，或者还是其他的意思呢？短短的几句话之所以会产生好几层意思，这是因为提问者没有抓住主要矛盾，导致说话者不知如何回答问题。

当你遇到这种情况的时候，可以试着对问题进行分解：

假如是想要让对方去买这款产品，可以这样说：“这家公司的产品不错，如果你们公司还没买，就去买点吧。”

假如是想要做一个中间人赚外快，可以这样说：“你们公司买了这款产品了吗？如果没有，我可以帮你联系一下厂家。”

假如是想去厂家帮对方要试用品，可以这样说：“你们公司买这

款产品了吗？如果没有的话，这家公司产品不错，要不我帮你要点试用品？”

你看，复杂的问题变简单了，造成误会的可能性也大大降低了。

在平时的逻辑说话中，如果提问者抓不住主要矛盾，只能是越说越乱、越说越复杂。既然复杂的提问容易出错，那我们必须要避免复杂的提问，现在就让我们来看一下究竟如何才能把复杂问题变得具有逻辑性。

1. 抓住主要矛盾，分清主次

假如只是想要回答者回答今天晚饭吃的什么，那么就不要说一些关于天气、新闻之类的其他问题，等把自己想知道的问完了，再来讨论其他的话题。

2. 减少连接词，变长句为短句

逻辑连接词太多，容易让听者思维混乱；句子太长，容易加大听者的理解难度，这都不利于回答问题。

Part 06 用好“武器”，让说服能力极速“奔跑”

就像打仗需要武器，说服也需要武器。你的做法，你的表达方式之类，都是说服的“武器”。若你能够灵活地使用这些“武器”，将增强你的说服力；然而，若你不懂使用这些“武器”的方法，即便有神兵在手，也毫无价值。

一件真事，比一筐理论更有感染力

公元前44年，也就是罗马共和时期，当时最重要的政治人物西泽在前往元老院时，被布鲁特斯带着暴民刺杀身亡。在西泽的丧礼上，另一位大将安东尼厄斯前往祭奠要求对公众说话。布鲁特斯答应他的要求，但提出了另一个要求，就是安东尼厄斯不能说任何一句赞美西泽的话。安东尼厄斯同意了，他的演讲词如下：

诸位朋友，在场的罗马人，我的同胞，请听我说。我来这里，是为了埋葬西泽，而不是赞美他。人若为恶，死后遗臭万年；所为的善，却往往随着尸骨入土。让西泽也是如此吧！

尊贵的布鲁特斯告诉你们，西泽是个有野心的人：果真如此，这确实是他重大的过失，而西泽也为此付出了沉重的代价。因为布鲁特斯是个品德高尚的人，还有，其他人也都是品德高尚的人——此时此刻，我才能得到布鲁特斯和其他人的同意，在西泽的丧礼上说几句话。

西泽是我的朋友，对我忠诚而公正。布鲁特斯，这个品德高尚的人，却说他是个有野心的人。西泽带着许多俘虏回罗马，俘虏的赎金充实了国库，他这样的行为，像是有野心的表现吗?

穷人哭泣时，西泽会一起流泪。铸成野心的应该是更硬的心肠，但布鲁特斯，这个品德高尚的人，却说他是个有野心的人。大家都看到在牧神节，我三次向西泽献上皇冠，他三次都拒绝：这也是野心吗？但布鲁特斯，这个确实是品德高尚的人，却说西泽是个有野心的人。我这么说并非要驳斥布鲁特斯，只是说出我所知道的事实。

大家都曾经爱戴西泽——并非毫无理由，那么，现在又是什么原因阻止你们为他哀悼？哦，判断力！你已遁入野兽心中，人们已经丧失理智。我的心好像和西泽一起入棺，而我必须稍停片刻，等它回到我的身上。

安东尼厄斯完全遵守约定，没有说任何赞美的话，仅靠着他简洁而有力的演说，那些暴民们最后转而去攻击布鲁特斯了。你看，语言的力量有时候比刀剑还要厉害。那么，安东尼厄斯的话为什么会如此有鼓动性呢？因为他的话里话外都在列举事实。

当一种观念进入心底很长时间时，有时用话语的确难以改变它。此时，可用事实这种最有力的武器来进行说服。俗话说，事实胜于雄辩。当你把事实摆在面前的时候，对方必然无话可说。

如果你想要改变一个人对一件事的偏见，最好的办法就是列举事实。如果你想要改变一个人对另一个人的偏见，这会更加困难，但用列举事实的方法同样可以做到，只不过需要更长的时间，更多的坚持，也需要积累更多的事实。

有位演讲家说："真实的例子是最好的说明方式，因为它能让一个观念显得清晰、有趣，具有说服力。"

（1）谈一谈自己的亲身经历。如果一场演讲中，主讲人所说的全是资料或理论，通常很难引起听众的兴趣。在精彩的演讲中，你所讲的内容一定要跟你自己的亲身经历、你阅读过的信息、你听到的话有关。谈你自己熟悉而确信的东西，演讲就不会失败。

美国著名脱口秀明星奥普拉的口才非常好，她善于用自己的语言赢得他人的信任。她会向听众谈起自己贫困的童年生活：她在6岁的时候才拥有了第一双鞋子，她的父母从来没有结过婚，她被迫在母亲、奶奶和父亲之间被轮流抚养。她还谈到自己经常被性骚扰。但是，在说这些关于她自身经历的时候，她并没有博取同情的意思。她不仅大胆地讲述自己的故事，同时也愿意聆听别人说出他们自己的真实生活。

讲一件真实的事情，比讲一箩筐的大道理更能证明你的论点。在美国前总统克林顿第一次当选时，有一个庆祝晚会，好多人上台谈论他们心目中的克林顿。有些人无法到现场，就通过连线的方式表达他们的祝贺。

其中有一段是访问克林顿的高中同学，他说："我毕业以后，就在意大利美军基地服兵役。有一天早上电话铃响了，我接起电话，原来是我的父亲去世了。等我挂上了电话，五分钟之后，电话铃又响了，是克林顿打来的。那时候，克林顿已经出任州检察长了，他在电话里说：‘你别慌，我会帮你照顾家里的事，你可以放心。’”

这个同学并没有特别强调克林顿是个多么关心别人、重视友谊的人，但是只是谈起这么一段往事，就已经表达出所有他想说的话了。很多听众都是这样：他们也许无法记住你所说的道理，但是他们往往能够记住你所讲的一件真实感人的事情。

（2）示范的效果。示范就是一种表演，也属于实例说服法，是最容易引起听众注意的方式。有位演讲家说起抽烟的害处，除了讲了几个因为抽烟而生病的故事，引用一些统计数字之外，他还会拿出一张薄薄的卫生纸，然后对着卫生纸吹一口烟气，上面会留下淡淡的印痕。

然后，他再告诉大家，也许一口烟看起来没有什么影响，但是，如果朝卫生纸吹上几千口烟气，沾满烟油的卫生纸就会变黑。我们的肺就像那张卫生纸，如果长年累月地抽烟，肺不知道会变成什么可怕的样子。通过这个动作的示范，可以比你只是用描述的方式更让人感受到吸烟的危害。

有位推销员推销消防用品时，不急于开口说话，也不着急介绍自己的产品，而是从提包里拿出一件防火衣，装进一个大纸袋，然后用火点燃纸袋，等纸袋烧完后，里面的衣服仍完好无损。

通过这一神奇的演示，顾客产生了极大的兴趣。一位推销高级领带的销售员若一味地说“这是绅士牌高级领带，质量非常优良”，一般不会有什么效果。但是，如果他换一种做法，把领带揉成一团，再轻易地拉平，说“这是绅士牌高级领带”，这就能给人留下深刻的印象。

所谓“眼见为凭”，有的时候，说再多的道理，对方未必能够听进去，如果你能够采取一些很方便的实验和示范手段，让听众切实感受到后果，将会给你的演讲内容增添说服力。

（3）让对方亲自体验一下。这个方法可比举例子更加进一步，直接让对方体验一下，能够加深印象。

乔·吉拉德推销汽车，总会想办法让顾客去尝试。他说：“每一种产品都有自己的味道，我在和顾客接触时总是想方设法让顾客先‘闻一闻’新车的味道。”他会让顾客坐进驾驶室，握住方向盘，自己触摸操作一番。如果顾客住在附近，他还会建议他把车开回家，让他在自己的太太、孩子和领导面前炫耀一番，顾客会很快地被新车的“味道”所陶醉。

那些坐进驾驶室把车开上一段距离的顾客，最后都从他的手上买走了汽车。即使当时不要，不久后也会来买。因为新车的“味道”已经深深地烙印在他们的脑海中，使他们难以忘怀。

记住，人们都喜欢自己来尝试、接触、操作，人们都有好奇心。不论你推销的是什么，都要想方设法展示你的商品。让顾客获得亲身体验，能够吸引住他们的感官，那样你就能掌握住他们的感情了。

绕个圈子，避开锋芒去说服

不知你注意到没有，我们身边的人很少会直接告诉我们他们想要说什么。对大部分人来说，一个具有高明说话技巧的人，并不一定是那些口若悬河、滔滔不绝地直接把想法和意见讲出来的人。相反，假如一个人能通过三言两语，旁敲侧击、声东击西引出对方的真实想法，或者将自己的意思巧妙地传递给对方，这样才是真正的“说话高手”，也就是人们常说的“懂讲话艺术”的人。

这样从古至今，有很多巧舌善辩、雄论滔滔的人借助这种绕圈子的说话方式博得众人的赞赏，比如下面这个大家耳熟能详的故事。

春秋时期，赵太后在赵国主政，那时候恰好碰上秦国攻打赵国，于是赵太后就到齐国搬救兵。齐国的条件是以赵太后的爱子长安君为人质，赵太后断然拒绝，于是朝中大臣们纷纷劝谏，但是赵太后根本听不进去，并生气地说：“谁再来劝，我就往他脸上吐口水！”

在朝中担任左师的触龙知道，假如事情再拖下去赵国就危险了，思虑过后，他便前去拜见太后。可是赵太后怒气未消，触龙就慢腾腾地走到赵太后的面前，躬了躬身说：

“太后见谅，老臣身体不好，很久都没有来看太后了，但是心里一直记挂着你的。太后身体可好？”

“我不必走路，都是坐车的。”赵太后绷着脸说。

“太后最近胃口可好？”触龙关切地问。

“还不是那样，喝粥，吃清淡的食物。”赵太后回答，语气开始稍稍缓和了。

“我的胃口也不是很好，但是还是坚持自己走路，现在慢慢好了。”

“我可不能做到这样。”赵太后看了看触龙，语气开始变得温柔起来。

“太后，其实我今天来，是有一事相求的。我的小儿子，是我最疼爱的，希望你能给他一官半职的，那么我就算老死也安心了。”

“这倒不是什么大问题。你的小儿子多大了？”

“他今年十五，尽管年纪小了点，但是在我老死之前能够将他托付给你，我也就放心了。”

“原来你们做父亲的，也一样疼爱自己的儿子。”赵太后笑着说。

“我们做父亲的，一点也没有比母亲少担心。但是我斗胆说一句，太后你疼爱女儿多于儿子啊。”触龙认真地说。

“何出此言？我疼长安君，要胜于女儿啊。”

“您看，在女儿出嫁到别国的时候，太后你哭着送她出城，但是每天拜神的时候，你都会说，女儿你千万不要被赶回来啊。你这是为她想得长远，希望她能够在别的国家开枝散叶，自己的儿孙一代接着一代享受一国之主的荣耀，可见你真的很疼爱女儿啊。”

“我心里确实是这样想的。”

“敢问太后，以前赵国国君子孙被封侯加爵的，现在他们的后代还有继承封位的吗？”

“这倒是没有。”

“这些被封侯加爵的人之中，假如不幸受难就会连累自己，要是死得早，那就连累子孙，这是为什么呢？并不是因为他们没有爵位，而是因为他们没有功劳啊。现在你给了长安君很多荣华富贵，可是没有为国建功的长安君以后要靠什么在赵国立足呢？”

赵太后点了点头，说：“我已经明白你的意思了。”后来，赵太后同意派长安君到齐国当人质，而齐国也派出了救兵，解除了赵国之困。

触龙劝赵太后这个故事已经流传千年，触龙的说话艺术之所以得到历史的认可，是因为他没有像其他大臣一样直接陈说利弊。太后正在气头上，谏言是听不进去的，以硬碰硬只能被训斥一顿。聪明的触龙明白这一点，所以他用绕圈子的说话方式委婉地说服了太后。

绕着圈子说话是典型的委婉说话术。那些真正的逻辑说话高手都不会拘泥话语的单种形式，当正面的询问起不了作用时，他们便会旁敲侧击，从侧面获取信息，达成目的。一般来说，要发挥好绕圈子说话的功效，就要注意以下三点。

1. 寻找恰当的话语中介，让中介替自己说话

当直接的言说不方便或者行不通的时候，我们可以借助话语中介来传递自己的想法。这个中介可以是一个人，可以是一则故事，也可以是一个道理等。在日常生活中，我们可以通过这样的办法来委婉地达到自己的目的。

大学毕业后，阿龙进入一家公司的网络技术部门。他满怀激情地工作着，因为成为一个优秀的技术人员是他一直以来的梦想。

两年过去了，阿龙的同学们都升职到了主管等职务，而他还是一个小小的技术员，于是他的心里越来越不平衡。阿龙的上司李林看出了他的不满，便在一个周末约阿龙和一众同事去郊外散步。

郊外的植物园真的很大，前面又出现了一个分岔路，李林便问阿龙："走哪条路比较好？"阿龙说："那就走后边的那一条吧。"李林笑着说："好，那我们就选定这一条路了。"

可是他们走了好久，还是没有看到出口，阿龙于是烦闷地说："怎么还没有走到尽头呢？别的同事应该走了吧？"

李林笑着说："既然你选择了这条路，又何必去张望别人的路呢？不必在乎要走多久，坚定信心，相信自己，你一定会走出去的。"

阿龙看着这位带自己入门的老大哥，若有所思地点了点头。

为了让浮躁的阿龙明白"只要相信自己的能力，不必跟人争一时之长短"的道理，李林选择了用事实来说明自己想要说的道理。

不仅意义深远，而且容易让人信服。当你想要委婉地表明想法时，也可以先找一个中介物，需要注意的是，这个中介必须跟话题相关，并且能够恰如其分地阐明道理。

2. 一语不慎，委婉说话就变成了指桑骂槐

假如不注重话语“中介”的相关性和说话的对象场合，就很容易造成对方的误解。对方甚至会觉得你有些“小人”，因为你有话不好好说，故意拐弯抹角，这是一种小心眼的表现。这种情况如果发生在人多的场合，更容易造成沟通的障碍，影响彼此之间的关系。

甲为庆祝乔迁之喜，请了同事乙、丙来家里吃饭。但由于公司最近特别忙，被请的同事并没有准时到来，而是先后到来。

听到敲门声，正在准备饭菜的甲赶紧跑过去开门，没想到门外只有同事乙。同事乙高兴地走进了甲的客厅，甲想到同事丙没有准时到来，便感叹地说：“该来的没有早来。”

同事乙一听，原来我这个早来的人是不该来的啊，于是脸色很不好看。郁闷的同事乙并没有帮甲摆放餐具，而是坐在沙发上无聊地玩起了手机。

同事丙急急忙忙地赶来了，对甲抱歉地说：“不好意思，我来迟了。”甲笑着说：“没关系，该来的来了便好了。”

同事乙一听，该来的已经来了，那我留在这里不就是多余的吗，于是气冲冲地夺门而出。甲和同事丙看着乙愤然离开的背影目瞪口呆。

饭菜上桌后，甲叹着气说："可惜，不该走的却走了。"同事丙听到这句话后，也拿起包包阴着脸走了……

有时候我们想显得自己有学问、会说话，但往往弄巧成拙，上述例子中的甲就是如此。他想通过一句"有哲理"的话语来说明自己的意思，但是"说者无意，听者有心"，由于没考虑话语的对象，不恰当地运用拐弯抹角的说话之术，最后不欢而散。

因此，如果想学会委婉的说话艺术，就要学会看人说话，注意说话的对象和场合，否则会产生歧义，让对方误解，甚至给人指桑骂槐的感觉。

3. 换个角度说话，让对方自己悟出道理

事物是丰富多彩的，看人对事的角度也应该多种多样，在某些情况下，假如只是从一个角度去看待事情，往往会钻牛角尖。因此，当对方被眼前的事实蒙蔽了双眼的时候，我们可以从其他角度去引导对方，让对方自己启发自己，从而明白你想要告诉他的道理。

一个皇帝准备攻打邻国。这个皇帝雄心勃勃，仗着国库充足，打算发动全国的力量拿下邻国。大臣们知道邻国易守难攻，强攻肯定会让自己的国家吃亏，于是纷纷劝谏，但是骄傲自大的皇帝根本听不进去。

皇帝最倚重的丞相刚刚从偏远的地方考察回来，便求见皇帝。来到皇帝的书房，他笑着对皇帝说：

“陛下，我在旅途中遇到了一个有意思的人，想跟大王说说。”

“哦，说来听听。”皇帝最喜欢听趣闻了。

“我遇见了一个准备去西边去做生意的商人，但是他走向了太阳升起的方向。我便好心跟他说：‘你走错方向了。’那人却满不在乎地说：‘我的马车是方圆五百里最好的。’我笑着又说：‘可是你走的方向不对啊。’那人又笑了，告诉我：‘我已经带了足够的钱，马夫又是千里挑一的人物。’陛下，你说这人好不好笑？”

皇帝笑了笑说：“这人的确好笑，就算钱财足够，马夫厉害，马车好使，也不会达到目的的。可见最初的决定错了，继续做下去只会一错再错。我已经明白你的意思了。”

当别人都从国家兴亡角度出发去劝谏国王的时候，这个丞相却另辟蹊径，从决定和决定所产生的后果这方面出发，委婉地向皇帝阐明了道理：一个错误决定将祸国殃民，不管粮草多么充足都不能自救，从而使得皇帝放弃了战争。

在正面跟人沟通行不畅的情况下，我们也可以通过绕圈子的说话艺术，让对方自己领悟，从而避开锋芒。这样不仅能做到明哲保身，还可以彰显自己的智慧，成功说服对方。这应该就是所谓的“言语有限，智慧无限”。

需要注意的是，当我们去启发别人引起相关的联想思考时，一定要确认自己所指的方向是正确的，否则只会像上面丞相口中的赶车人，朝错误的方向前行。

精确利用数据，让数字为你说话

我们生活在数字的世界里，每天所见、所闻与所思的一切，几乎没有不涉及数字的。因此，我们也许对数字或多或少地产生麻木或厌烦的感觉。但是数据，作为增强说服力的一个关键点，我们又不得不重视它。

这是一个全新的数据时代。我们每天不仅会使用各种各样的数据，事实上，我们每天也在产生着各种各样的数据。数据已经变得越来越重要。作为说服高手，要想说服他人，除了语言，数据也是不可忽视的一点。

很多时候，当人们想要说服另外一个人的时候，总会产生一种疑问：自己明明已经将基本的信息传达给了对方，而且这些信息都是非常准确的，并没有夸张的成分，为什么就是不能获得对方完全的信任呢？对方还在担心什么呢？

1922年，来自纽约的一位女国会议员贝拉·伯朱格发表了一次演讲，呼吁女性应该在政治生活中赢得平等的地位。

在演讲中，她说：“几个星期前，我在国会聆听总统对全国发表的讲话。在我的周围大约有700人。我听到总统说：‘这里云集了美国政府的全体成员和内阁成员。’我环顾周围，发现在这700多名政府要员中，只有12名是女性；在435名众议员中只有11名是女性；内阁人员中没有女性；最高法院中也没有女性。”

贝拉·伯朱格的演讲赢得了公众的认可。这就是数据的力量，她所列举的这些具有鲜明对比性的数据说明了她的观点。无论对方是否赞成她的观点，在这些真实的数据面前都不得不承认，这个国家的政治领域确实存在着严重的性别歧视问题。

在某种程度上，数据起到了举事实的作用。如果要给数据下一个精确的定义，那就是对客观现象进行计量的结果。因此，数据往往具有不容置疑的力量。所以，要想说服他人，数据是必不可少的。当然，数据的精准性同样不可或缺。

当我们要强调抽烟对身体健康的危害时，如果只是一直强调：“千万不要抽烟，抽烟容易得肺癌！”这种说法就很难说服别人。但是如果我们换一种说法：“根据调查，抽烟者得肺癌的概率是不抽烟者的10倍。”这样，抽烟的危害就不言而喻了。

当我们在说服他人购买某种产品的时候，如果总是用“经久耐用”或者“卫生安全”这样的字眼，往往很没有说服力，假如能够使用数据来说明，效果就会更好。“我们公司的产品可以连续使用4万个小时而无质量问题”或者“我们公司生产的所有儿童食品都经过了12道严格的工序。此外，在质量监督机构检查以前，我们公司内部已经进行了5次严格的卫生检查”，诸如此类说法就会让听者产生信服。

利用数据，可以增强我们的话语说服力。但是并不是所有的数据都能带来说服力。只有精确的数据，才能带来好的说服效果。因此，如果能用小数点以后的两位数字说明问题，那就尽可能不要用整数；如果能用精确的数字说明问题，那最好不要用一个模模糊糊的约数来应付别人。

当然，精确数据的运用也是需要技巧的。如果使用不当，同样会造成极为不利的后果。在说服他人时运用数字，要留意下面两个要领：

（1）除非必要，否则不要随便提出数字。你抛出的数字过多，不但会令对方感到纳闷而关闭心扉，而且也会令听众觉得你没人情味；因为你所关心的只是冷漠的数字。

使用数据，是为了使你的话更具有说服力，并不是让你去做数据的堆砌，千万不要企图用庞大的数据和事例来征服你的听众。数据是点缀，是关键，但不是越多越好。

佛莱恩先生有次上台演讲，主题是关于华盛顿这个城市。整场演讲的内容都是一些枯燥的数据，不但他自己讲得乏味，底下听众也听得昏昏欲睡。

两个星期后，他再一次提到了华盛顿，整个演讲效果却完全不一样。原来，他讲到自己刚买的新车在市中心让人给撞坏了，肇事者还逃之夭夭了。佛莱恩一提到这件事，就怒火中烧，语气激昂了，表情也丰富了。最后，听众给了他如雷的掌声。

（2）要设法为枯燥的数字注入生命，这就是说，要让数字所代表的事实，能成为一般人生活经验中的一部分。只有这样，人们对数字才感到亲切，也才能产生兴趣。

举例来说，下面的第一种数字陈述方式若能改为第二种陈述方式则其影响力将显著加大。

第一种：“假如各位接纳我的提议，则公司每个月至少能节省67453750元的开支”。

第二种：“假如各位接纳我的提议，则公司每个月至少能节省67453750元的开支。从另一个角度来说，倘若这项节省下来的开支，能以加薪的方式平均分配给公司的每一位成员，则每一个人每一个月的工资将增加3500元。”

（3）学会使用表格，让数据清晰化。人们常说，寸铁杀人。有时候说服一个人，凭借的就是语言的短小和精练。冗长无趣的语言远不如抓住要害的一句话效果大。要想尽量少说话，把事情变得更加简单清楚，表格是绝对不可少的。

在某总经理的办公室，销售部部长正在汇报上半年的经营业绩：“先从背景说起，正如您所了解的那样，去年与我们竞争的那家公司已经在东部地区展开了强有力的销售活动。我们东部地区分公司的业务人员急剧减少，再加上消费需求现在越发疲软……”销售部部长的汇报啰唆而冗长。

听了一会儿，总经理的脸色已经很难看了，他终于忍不住了，不耐烦地说：“算了，你把具体的结果数据告诉我吧。我需要了解原因的时候，你再这样解释也不迟。”

销售部部长的汇报有问题吗？一点儿问题也没有！他所说的全部都是实情。但这是成功的汇报吗？答案显然是否定的。他失败的原因其实很简单，那就是他把一些可以用表格清晰说明的数字复杂化了。

很多东西并不是越多越好，例如语言。语言大师可以用很简单的语言叙述一件复杂的事情，而大部分普通人还不知道如何用简单的语言描述简单的事情。那么怎么办呢？没有关系！我们可以用表格。

我们必须了解一个事实：并不是所有的人都能够从枯燥的数字中看到规律。要想让人对你所表达的意思一目了然，你就必须通过表格把那些数据整理出来，让人一眼就能从中发现规律。这样，对方就能快速明白你的意思，从而引发思考的兴趣。

总之，在说服时要学会灵活地使用数据，以增强我们的话语说服力。最后建议，使用的数据，最好是和一些具有较大影响力的人或者事件有关，这样能够让说服对象比较容易相信你所说的话。想想看，同样是说服一个人购买某项产品或者服务，举出具体而有影响力的例子是不是比单纯的数据更加有说服力？

给个理由，对方就会被说服

一般来说，一段完整论述的逻辑结构是观点+论据。说话者先概括自己对某些事物的看法、态度，然后列出相关论据来证明观点的有效性。在论述的过程中，话语中的论据可以是理论性的，也可以是事实性的，但不管是哪一种，都应该紧紧围绕观点，证据确凿，使听众不得不信服。

在语言逻辑高手的论证思维中，论据是非常重要的一环。一旦缺少有力的论据，再小的判断也可能仅仅是空穴来风，由于理由的不充分，最终以失败告终。但是，在日常生活中，不充足的论据却随处可见。很多人不关心自己的论据是否充分，只在意有没有一个理由，像以出身论英雄、诉诸怜悯、诉诸感情的逻辑错误，都根源于理由不充足。

充分的论据才是最有说服力的，当然，论据的真实性同样不可小视。语言逻辑专家提出，对于论据的要求首先论据必须是真实的，不能掺假，假如论据虚假，那么即使观点是正确的，也不能必然地推出毫无破绽的判断。

论据通常可分为事实性的论据和理论性的论据两种。事实性的论据一般是人们所切身感受的现实，是真实的事实材料。这类论据不受时空的限制，可以是过去发生过的事实，也可以是现在发生的事实；可以是发生在自己身上的事实，也可以是发生在别人身上的事实；可以是正面的事实，也可以是负面的事实。而理论性的论据，则指被社会大众所接受或者公认的道理、名言、俗语等。

请看下面几个例子：

命运的残酷阻挡不了人的意志，人是可以依靠自己的毅力克服困难，走向成功的。享誉世界的作曲家贝多芬，尽管命运让他失去了听觉，但是他最终还是成了一个伟大的作曲家。

一项研究发现，人平均每隔十分钟就要撒一次谎。所以，在我们的日常生活中，没有不撒谎的人，只是谎言有大有小罢了。

只要有恒心，就没有做不成的事情。太行、王屋这两座山都很高，愚公还是锲而不舍地移山，最后他的精神感动了神灵，山终于被移走了。

爱迪生曾说过："天才等于99%的汗水加上1%的灵感。"因此，要想成功，后天的努力至关重要。

俗话说："留得青山在，不愁没柴烧。"虽然生意失败了，但你也不需要跟他斗个鱼死网破，好好养精蓄锐，日后总有机会东山再起的。

上面是五段论述，前三个分别是事实性的论据，后面两个分别含有理论性的论据。语言逻辑专家提醒大家，搞清论据的性质只是一方面，要想让自己的观点站得住脚，在选择论据上还要多下功夫。

1. 论据必须是真实的

保证论据的真实是话语逻辑的前提。不管是何种论据，都应该是经过实践或者为人所确认的事实或者原理，否则不能成为论述的充足理由。也就是说，充足论据的第一个要点是真实不骗人的。因此，在日常的论述或者对话中，我们一定要保证自己观点的论据是真实可信的，否则你的看法很难站住脚。

小涛放学回家，爸爸问他：“下午你班主任打电话过来，说你今天没有去上课，为什么旷课？”

小涛说：“班主任误会了，我是迟到，并没有旷课，下午上课铃一响我就进了教室。”

爸爸：“这不可能，今天下午县里停电了，你怎么会听到铃声呢？”

在上面的这段对话中，小涛爸爸正是以小涛论据的不真实为突破口，推断出了小涛观点的虚假性。仔细听对方的论据，分析他在事实或者理论上是否成立是语言逻辑高手常用的手段。因此，我们要论证自己观点的正确性，首先就要保证论据是真实可靠的。

2. 论据要和论点保持一致

论据的真实性非常重要，但真实的论据是否就一定说明观点的正确，或者说，就一定可以推断出论点呢？不一定。要保证论点的正确性，还有一个比论据真实性更重要的关键点，就是论据要必然推出结论，即论据和论点保持一致。

假如前提并不止存在观点的一种情况，那么它就无法必然地推出观点的有效。举个例子，我们可以说“天上下雨，地面变湿”，这在逻辑上是成立的，但是，假如把这句话换成“地面变湿，天上下雨”，那么它就是错误的了，因为地面变得湿并不只是下雨这一种情形，可能是有人泼水，也可能是洒水车刚刚来过，所以我们不能由地面变湿推出天上下雨。

在日常对话中，人们常常会犯下论点和论据不一致的逻辑错误，导致牛头不对马嘴。我们通过下面一个实例，让语言逻辑高手告诉你，怎样揭穿对方的论证错误吧。

有一次，三年级的老师在班里举行画画比赛，并宣布这次画得好的同学可以得到巧克力作为奖励。同学们高兴极了，都用心地画着，到了午休时间，大家都到学校的食堂吃饭，老师也忘记把抽屉里面的巧克力带走。

等下午上课的时候，老师发现巧克力袋已经被人拆开，有些巧克力已经不见了。而袋子的旁边，恰好放着李磊的铅笔。

老师生气地把李磊叫起来，斥责道：“太调皮了，李磊你怎么能够偷吃巧克力呢？”

李磊不慌不忙地回答说：“老师，假如袋子旁边放着谁的铅笔就说明谁偷吃了巧克力的话，那么要是放了老师的铅笔，是不是说明老师就是偷吃的那个人呢？”

老师愣了，觉得李磊说得好像也没有错。

李磊继续说道：“袋子旁边放着铅笔，说明是有人留在那里的，可能是铅笔的主人，也可能是其他人。”

老师觉得李磊说得在理，扫视了一下教室，说：“在这么短的时间内偷吃巧克力，肯定来不及到比较远的厕所洗手，大家把手伸出来，只要检查手，就可以知道是谁偷吃巧克力了。”

老师的话刚刚说完，坐在角落的小强赶紧把手放在了背后，眼尖的李磊立刻指着小强说：“偷吃巧克力的人就是他。”

最后，小强不得不承认的确是自己偷吃的。

在上面的例子中，李磊就是通过先分析老师话语中的推理，再根据事实为自己洗脱嫌疑的。老师的话语逻辑是“放了谁的铅笔，谁就是偷吃者”，而聪明的李磊指出了其中的逻辑错误，因为从放了谁的铅笔并不能必然推出谁就是凶手。老师也随之理清了思绪，判断出在时间不足的条件下，谁的手上沾有巧克力才是偷吃巧克力的人。事实证明的确如此。

在日常交流中，我们也可以根据对方的话语整理出观点和论据，再来分析从论据是否必然能推出观点，进而判断对方的论证是否正确。不要觉得这个过程很麻烦，其实很简单的，你绝对可以做到！

有效说服，不可忽视的几个途径

人们通常将那些自己都不信任的说服看作不受欢迎的灌输行为。因此，要想让自己的语言更有说服力，你首先要避免让自己的说服被别人视为某种灌输和洗脑。

说服由声音开始，以行动收尾，它的中心途径是关注论据，是人们在某种动机的引导下，且有能力对某个问题进行思考时，使用最多的。假如你采取的论据有力且令人信服，那么就很可能说服对方。一切有效的宣传都必须限制在很少的几个点上，而且要不断重复这些信息，以便使其进入听话者的潜意识，改变对方的思维和观点，直到对方完全理解你的意思。

接下来，我就为大家介绍几种使用比较广泛、效果比较明显的说服途径。

途径一：提供必要的强有力的论据

提供必要的强有力的论据是最直接的方式，也是最好的说服途径，它可以增强被说服者对于论据进行思考的动机和能力。广告商、传教士和教师的最终目的并不是引起人们对信息的关注，他们的终极目的通常是引发个体某种行为的改变。为此，他们采取了最为有效的中心途径，既提供了极为有力和让人信服的论据，又引导听者去进行某种期待中的思考，从而让对方的行为改变更具持久性。

途径二：通俗易懂的表达

当人们转移了注意力或缺少足够的动机去认真思考时，他们就会觉得通俗易懂的表达比新异的表达更具有说服力。比如，对于一个注意力不集中的人来说，跟“不要在一次冒险中押上你所有的赌注”的说法相比，“不要把所有鸡蛋放在一个篮子里”的说法就显得更有影响力。因此，后一句话成了全世界的投资者（股民）耳熟能详的信条，而前者则只能出现在专业的财务分析报表中。

途径三：有选择的组合信息

有选择地对信息进行组合，突出你想表达的那些观点，剔除有害或者是无用的信息，重要的是消灭信息的污点和黑色的斑迹，以营造某种富有希望的方向和通道，引导和暗示对方朝着你设定好的路线前行。这不是轻易可以做到的，通常你需要得力的帮手，以构建一种得力的旁证环境和权威认同。

医生和心理学家共同做过一个著名的实验：

在自愿献血者中，医生选择了两个强壮的男性。抽血之前，心理学家先把两个志愿者的视线挡住，然后医生在他们的胳膊上扎上皮筋，扎针，开始抽血。抽完血后，分别告诉他们：“抽了400毫升。”

实际上，医生只抽了其中一个人的血，对另一个人仅仅是做样子，并没有真抽血。但由于那个人的视线被挡，所以他以为自己同样被抽了400毫升的血。

这样持续一段时间后，那个被抽血者出现了生理反应，能够反映身体状况的一些指标有了不同程度的变化。奇怪的是，另一个没被抽血的人的身体状况也出现同样的变化，经检查，各项指标的下降程度几乎跟前者相差无几。这是为什么呢？

原因不难猜测。没被抽血的人由于不知实情，以为自己同样也被抽了血，这就导致了严重的后果，他受到这种有选择性的信息的暗示，使自己在意识上自觉地向抽血后的不良反应靠拢。也就是说，他的生理反应不是因为身体的失血，而是因为他心理的失血。

有选择地组合和提供信息非常有意义，它可以让对方发现可知觉的信赖感，从而对我们产生最终的信任。大部分人都觉得，站在自身利益对立面的说话者都很真诚。比如，当一个演讲者站在一个出人意料的立场时，人们就更倾向于将他的论点归因于客观事实，并认为他的陈述是具有说服力的。

这样的例子有很多，就像一个吝啬鬼式的人物应允要为一起人身伤害事故提供慷慨的补偿时，会具有很强的说服力，人们对他的印象会立马改观；而一个和蔼慷慨的人提出吝啬的补偿方案时，也会产生同样的影响效果，这样的举动都会极大地降低人们对他的印象分。

这就是有选择地组合信息的作用，它可以强化某一方面的认知，从而打破思维的定式，引导事情向说话者期望的方向发展。

途径四：注意吸引力和偏好

在说服时，为对方提供他们偏好的东西，往往更容易得到较快的和你想得到的回应。假如你注意到了展示吸引力和提供偏好，那么即便是一次短暂的言语很少的沟通，也足以增强我们对某个人的偏好和对其影响力的回应程度。

这是典型的人性弱点所在：人们会因为个人偏好而乐于接受传达者的观点，事后也能引发积极的联想。

展示你和对方相似性的吸引力，因为几乎没有人不喜欢和相信跟自己相似的人，人们对于自身团体的回应往往更为积极，比如国家和民族认同，宗族和老乡认同。

这种相似性的吸引力非常神奇，它能极大地掩盖事实上的可信度的脆弱，即使要冒着犯下主观偏好错误的风险，人们也会更愿意相信你说的就是事实。当然，假如某种选择跟个人价值、品味或者生活方式相关，那么相似的传达者就具有更强大的影响力了。

途径五：外周途径

不关注信息的真实性，也不考虑提供的论据是否让人信服，仅提供那些可以令人不假思索就接受的外部线索，这是最次的说服，在当今这个世界已经没有什么市场了。但是，对于分辨力极差的群体，这一途径仍然具有不错的效果。

途径六：视觉途径

对媒体来说，视觉形象就是最具有代表性的外周线索。比如一些电视广告，借助视觉的剪辑，使观众对于商品的印象基于冲动的感觉，以致忽略理性的逻辑。

概括来说，我们要让自己的说服对象成为乐于思考的人。我们使用一些其他的启发性策略来让他们尽快做出判断：这个意图说服我的家伙，他的表达清晰流利、魅力十足，具有非常好的动机和一定数量的论据，我应该而且也必须相信他，他是一个值得信任的人。

Part 07 避开逻辑陷阱，说服起来更有效

沟通过程中，很多人会不知不觉地陷入逻辑陷阱之中，结果导致失去沟通的主动权，也丧失了说服对方的机会。所以说，想要说服别人，了解一些逻辑陷阱是非常必要的，只有避开它们，才能让说服变得更加有效。

循环论证，别被套套逻辑带入“歧途”

有一个中学的政治老师，每次在讲政治选择题的时候，都只在讲台上念答案，从不解释答案为什么是对的，为什么是错的。当学生问他的时候，这个老师就依据答案中的正确选项，说因为那个正确选项是正确的，所以其他选项都是错误的。学生对此很无奈，但是也无话可说。这样的老师真是误人子弟。不难看出，这个政治老师的解释方法跟上文中的两个答案非常相似，在逻辑谬误中这种忽悠方法属于循环论证谬误。

循环论证，又被称为套套逻辑，是论证谬误的一种，当辩论者为支持自己的某项主张所提供的新的论据，其实是旧主张新瓶装旧酒的重复时，就是犯了循环论证的谬误。循环论证之所以属于逻辑谬误，是因为在论证过程中，它把论证的前提当作了论证的结论，也就是所谓的“先定结论”。

尿液中黄色的色素是什么？为什么吗啡让人想睡？尿液之所以呈黄色，是因为其中含有尿色素，而尿色素是黄的；吗啡之所以让人昏昏欲睡，是因为吗啡具有催眠的作用。这算答案吗？其实，这种答案不过是重复原来的说辞，以期蒙混过关。

日常生活中，人们在一些琐碎小事上也会犯循环论证的错误。比如，当父母误解孩子的时候，父母并不能真的确定孩子做错了事情。但在批评孩子的时候，父母会说：“瞧瞧你，根本没有半点羞愧的意思，难道不知道自己错了吗？”事实上，假如孩子没有错，自然是不会有羞愧的表情的。

几个朋友一起去饭店吃饭，当一盘色、香、味俱全的糖醋鱼上桌的时候，鱼嘴却能张合，鱼鳃还会扇动，大家都很好奇，对此非常不解，于是问经理：“这是怎么一回事，鱼都已经烧熟了，为什么嘴和腮却还会动弹呢？”经理解释说：“这是因为咱们的厨师是做鱼的名师，厨艺十分精湛，所以有的时候鱼熟了，上桌了，鱼嘴和腮却还在动。甚至有时候吃得只剩下骨架了鱼嘴还能张合。”

几个人被经理的这一番话逗得哈哈大笑，全然忘了问的是鱼嘴为什么会动弹。

在这里，经理就是用循环论证的技巧忽悠了顾客。顾客问经理：“鱼都已经烧熟了，为什么嘴和腮却还会动弹呢？”经理本来是应该告诉顾客具体是什么原因造成的这样一个结果。可是，经理说的却是另外一回事，他给出的理由是：因为厨师的烹饪技艺高超。虽然这个回答彰显出了酒店的档次，但实际上是答非所问。它仍然是重复说明了要求解释的现象：熟鱼为什么会张嘴动腮。对于为什么，经理并没有在道理上加以解释。

在日常的文书写作中我们也很容易犯循环论证的错误。比如，在以“建设社会主义和谐社会”为题的论文中，某个学生这样写道：“为什么说建设社会主义和谐社会是当务之急呢？因为建设社会主义和谐社会是当前国家建设中最迫切的任务，因此，我们必须把建设社会主义和谐社会作为当前一项重要任务来抓，只有这样社会主义和谐社会才能建立起来。”在这个学生的论述中，论题、论据、结论，说来说去都是那么几句话，一直在重复“建设社会主义和谐社会重要”，但是并没有说出为什么重要，仅仅是在进行“同义反复”。很明显，这个学生犯了“循环论证”的错误。在中小学生日常的议论文写作中，这种错误实际上是经常出现的，只是有的不太明显，所以被忽略了。

由于学生知识面窄，同时对相关知识的掌握又十分有限，因此，在他们议论一件事情的时候通常拿不出合理的论据，但又必须证明出自己的论点，于是便出现了循环论证的谬误。循环论证的谬误也常常出现在初中、高中的几何学论证中，在一些重要考试中，当学生实在论证不出来一些题目，情急之下便会预先假设结论是正确的，然后再求证出来。表面上看是论证出来了，实则是犯了“循环论证”谬误，意图忽悠一下阅卷老师。

我们需要注意的是，循环论证的论点在逻辑上是说得通的，但因为结论可能完全跟其前设相同，故结论并不是其前设之推论。在论证过程中，所有循环论证都必须假设其命题已经成立，所以，循环论证本身并不能证明什么，它只是一个回避问题的常用手段罢了。在试图说服别人的过程中，一定要注意这种逻辑陷阱，否则你就会被对方带入“歧途”，偏离最初的沟通方向。

双重否定不一定就等于肯定

三段论，是一种常见的论证或推理形式，在当中，先列出陈述（通常有两段），也就是前提，然后再从陈述导出结论。比如：

所有哺乳类动物都是温血动物，[大前提]

鲸鱼是哺乳类动物，[小前提]

因此，鲸鱼是温血动物。(结论)

大前提、小前提为两个陈述，在其基础上得出结论，这就是三段论。其中，两段前提为证据，结论则由前提推演而来。假如两段前提都是否定的，便不能据以有效地得出结论，这种谬误被称为双否定前提的谬误。

看这个例子：

没有建筑工人是面包师傅，

也没有面包师傅是渔夫，

所以没有建筑工人是渔夫。

这个三段论看似非常简单，不过，其中的逻辑却靠不住。假如我们用“逃税漏税的人”取代渔夫，那最后结尾就变成，没有建筑工人是逃税漏税的人。这样的陈述方式恐怕不能让人信服，问题就在于这个论证有两个否定前提。

大家很容易找到谬误的根源。一般来说，三段论通过将两件事分别与第三者联系而将这两件事联系，但如果两个前提皆为否定的话，那就会出现这样的情况，这两件事部分或全部在第三件事的类别之外。无论怎样将这两件事物联系起来，能做的仅此而已，因为我们不能得到任何关于这种关联的正确结论。比如：

有些煤老板不是笨蛋，

有些笨蛋不富有，

所以有些煤老板不富有。

你听过比这更荒谬的论证吗？仔细琢磨一下两个否定句，那些不富有的笨蛋和笨蛋中不是煤老板的人并不一定是同一群人。假如听起来觉得头昏，请明确两件事：一是，两个否定前提不能证明任何事；二是，所有的煤老板都很富有。

这种谬误经常会发生，因为有些人真的会相信，假如A与B排斥，B与C排斥，那么，A就与C排斥。你觉得可信吗？再看一个例子，假如老王进不了村委会，而村委会也不能加入农业合作社，所以老王进不了农业合作社。很明显，这个论证是不健全的，尽管村委会不能加入农业合作社，可是老王不是村委会的成员，说不准他真有机会加入农业合作社呢。

不喜欢吃布丁的人是瘦子，

有些抽烟的人不喜欢吃布丁，

所以有些抽烟的人是瘦子。

大部分人对于布丁的观感是否定的，但两个否定的陈述并没有说明抽烟者的任何问题。假如抽烟者很瘦，有可能是健康亮起红灯，或者抽完烟就没钱买布丁了。

在使用双否定前提的谬误时，大忽悠们通常会采用让听众更容易相信的事实，以塑造具有说服力的否定式句型。由于真的得出了看起来令人信服的结论，所以听众就会觉得说话者已经证实过一切了。

觉得复杂吗？其实非常简单，只要你记住如果两段前提都是否定的，就不能据以有效地得出结论即可，你完全可以忽略对方的内容，这样你就能轻松识别这一陷阱，继续自己的说服之旅了。

道听途说的传说缺乏说服力

传说阿房宫规模空前，气势恢宏，景色蔚为壮观。阿房宫大小殿堂七百余所，即便在一天之中，各殿的气候都不尽相同。秦始皇巡游各宫室，一天住一处，至死时也没有把宫室住遍。这传说靠谱吗？有人亲眼看到吗？

其实，后世对阿房宫的印象和描述基本上都源于唐代诗人杜牧的《阿房宫赋》，杜牧在这篇赋中写道："六王毕，四海一，蜀山兀，阿房出。""五步一楼，十步一阁；廊腰缦回，檐牙高啄；各抱地势，钩心斗角。盘盘焉，囷囷焉，蜂房水涡，矗不知其几千万落。长桥卧波，未云何龙？复道行空，不霁何虹？高低冥迷，不知西东。歌台暖响，春光融融；舞殿冷袖，风雨凄凄。一日之内，一宫之间，而气候不齐。"

从杜牧的描述可想而知，阿房宫是一座宏伟庞大的建筑。但这都是传说，都是后人借秦之喻，劝谏本朝帝王，务必要勤俭为国，切忌骄奢淫逸，不然会像暴秦一样速亡。今依据当代考古证据，已经确切地证实阿房宫并没有建成。在考察过程中，考古人员只在成阳宫旧址上发现了焚烧的痕迹，其他地方未见焚烧痕迹，根本不像传说中说的那样，项羽火烧阿房宫，大火数月不绝。根据历史资料中的简短记载，还有从记录的时间上来看，得出一个比较可信的结论：几千年来人们所传说的阿房宫其实并没有建成，根本不可能像杜牧描述的那样气势恢宏，那只是杜牧出色的文学想象。

历代的人们多以传说为依据，片面认定阿房宫是史上最大的宫殿建筑群，并以此来佐证秦始皇的骄奢淫逸。这种做法就是典型的以传说为据。

以传说为据，指根据传说来判断论证事情和事物的确切存在，而不去详加辨别考证，把传说的东西视为真实可信的。以传说为据还表现在把道听途说的东西当作论证的依据。

春秋时代的宋国，地处中原腹地，缺少江河湖泽，而且干旱少雨。农民种植的作物，主要靠井水浇灌。

当时有一户姓丁的农家，种了一块地。因为他家的地里没有水井，浇起地来全靠马拉驴驮，从很远的河汊取水，所以经常要派一个人住在地头用茅草搭的窝棚里，一天到晚专门负责提水、运水和浇地。时间一长，那些给丁家干活的工人都感到有些劳累和厌倦。

丁氏跟家人商议之后，决定打一口水井来解决这个困扰他们多年的灌溉难题。尽管只是开挖一口十多米深、直径不到一米的水井，但是在地下掘土、取土和进行井壁加固并不是一件容易的事。丁氏一家人起早摸黑，辛辛苦苦干了20来天才把水井打成。第一次取水的那一天，丁家的人像过节一样。当丁氏从井里提起第一桶水时，全家人欢天喜地，高兴得合不上嘴。从此以后，他们家再也用不着总是派一个人风餐露宿、为运水浇地而劳苦奔波了。丁氏逢人便说："我家里打了一口井，还得了一个人哩！"

村里的人听了丁氏的话以后，有向他道喜的，也有因事不关己而毫不在意的。然而，不知是谁把丁氏打井的事掐头去尾地传了出去，说："丁家在打井的时候从地底下挖出了一个人！"以致一个小小的宋国被这耸人听闻的谣传搞得沸沸扬扬，连宋王也被惊动了。宋王想："如果真是从地底下挖出来了一个活人，那不是神仙便是妖精，一定要打听个水落石出才行。"为了查明事实真相，宋王特地派人去问丁氏。丁氏回答说："我家打的那口井给浇地带来了很大方便，过去总要派一个人常年负责农田灌溉，现在可以不用了。于是，家里多了一个干活的人手，但这个人并不是从井里挖出来的。"

道听途说的事情是最没有根据的，所以，听到什么传闻时，务必要先动脑筋想一想，看合不合情理，千万不要不负责任地以讹传讹。这样会混淆视听，对人对己都没有益处。

一直以来，神农架野人都是一个谜，围绕它的似乎只有一些传说，好像没有哪个人真正地见到过，也没有哪个人真正地跟野人正面相对。见到的人只是说高大、浑身长着长毛等，并不能说清它到底是什么。就这样，"野人"的名字被人们口口相传，好像确有其事。

关于"野人"的传说已经有上千年的历史，我国古籍中曾有过许多关于“野人”的记载和描述。《山海经》中也有一段关于类人“怪物”的描述：“枭阳国在北朐之西，其为人人面长唇，黑身有毛，反踵，见人笑亦笑，左手操管。”跟传说中的野人特征非常相似。

神农架的“野人”之说早就尽人皆知，然而，野人的真面目至今都没有在公众面前展露，执着者仍然在追寻野人的踪迹。不少专家提出，神农架“野人”只是一个传说，它不存在具备的条件，没有考察的意义。

仅仅一个野人的传说，就引得众多学者和好奇者耗费毕生的心血去追寻，时至今日仍旧没有下落，到底是真是假尚未可知。这种以传说为据而不惜代价考证的做法确实值得考究。

对于传说，不妨持一种怀疑的态度，完全地否定自然不是上策，全盘相信也显得十分愚昧。传说可以作为一个信息帮助我们考证事情的真伪，但它并不能直接作为事实的根据。

当对方开始给你讲一个传说时，千万要注意，不要因为传说非常精彩就轻易地产生信任，觉得对方说得有道理。既然是传说，就没有确实的记载，也就不能作为论据使用。跳过传说，把事实摆在对方面前，才是真的具有说服力。

权威也有局限，拒绝盲目崇拜

对中国人来说，权威应该是一个极为熟悉的词语，在封建社会里饱受压迫的老百姓非常崇拜和惧怕强权和威信。近代社会以来，中国人民也是历经苦难，对权力和威望同样格外尊崇。直到新中国成立之后，这种状况才有所改观，但残余还是比较严重的，有些人还是习惯于迷信权威，并因此造成各种谬误。

在生活中，人们说话和写文章通常会引用一些名人名言，以此来论证自己观点的正确性。有时，人们甚至会不顾逻辑，仅仅因为某某专家说过某话，就据以论证这一观点就是正确的。很明显，这种想当然会让自己上当的。

究其根源，“权威”却是一个外来词。现代汉语给出的解释是：使人信从的力量或威望；在某种范围里最有地位的人和事物。英语中的“权威”，源于拉丁文，它除了有汉语中的两层意义之外，还包含其他的两个含义：一是，可被用来支持一个观点或行为的人或事物；二是，一个权威性陈述的作者，或博得人们尊敬的人，也指这样一位作者的作品。

概括地说，“权威”主要指那些在某个领域的某些方面能够给出结论性陈述或证明的个人或组织，包括“学术”权威和“行政领导”权威。能够成为权威的人或机构，必定是该领域的行家，不仅有着丰富的经验和远见卓识，而且有着严谨的态度，所以，在大众心目中，权威的意见最值得信任、参考和借鉴。也是因为这一点，崇拜权威、滥用权威等谬误就变得很多见了。这就是诉诸权威谬误——以权威取代事实与逻辑；以权威者的话为法则。常见的诉诸权威的谬误有：滥用权威、崇拜权威、诉诸不相干权威、诉诸传统和诉诸起源、迷信权威。

人们不知道的是，权威具有相对性、多元性和可变性，而且具有时效性，所以，诉诸权威有时就会变得荒诞而可笑。

“夫道，天下之公道也；学，天下之公学也。非朱子可得而私也，非孔子可得而私也。”

这句话出自明代大思想家王守仁之口，意思是说，道是天下的道，学问也是天下人的学问，并不是朱子和孔子这种大学问家所私有的。我们每个人都有权利体悟道，追求学问。大家都知道，中国古代社会是以儒教立国的，儒家的学说在封建社会占有重要的地位，尤其是宋明时期朱熹所提倡的理学，更是占据了正统学问的权威地位。在这种情况下，是容不得什么人提出异议的，然而王守仁却是一个异类。他以“道”为“天下之公道”、“学”为“天下之公学”，提出“非朱子可得而私”“非孔子可得而私”，人们只要一切依据“良知”，便没必要盲从孔子、朱子或儒家经典的权威。从这种观点出发，王守仁鼓励其弟子在“良知同”的原则前提下，尽力发挥创造性思维，自由打开思想之门。正是因为不迷信权威，不惧怕权威，王守仁才得以跳出权威的藩篱，在程朱理学之外开创了自己的心学学说，成了一代思想家。

在21世纪的今天，我们的生活中也同样存在着很多诉诸权威的谬误，其中滥用权威的问题便非常严重。就说广告吧，这种形式无处不在，不管是电视荧屏上还是街头路边，众多广告纷纷全新亮相，其中不乏明星、名人代言的产品。在普通的老百姓心目中，明星、名人是在某方面有一定权威性的人，人们对明星和名人很容易盲目地相信，并因此认定他们所代言的产品也具有权威性，也是好的产品。事实却并非如此，在明星代言的产品中有不少是虚假和劣质产品。明星尽管在音乐圈和电视圈里是权威人物，但是对于代言的产品来说，他们对产品的认知并不比普通人多多少，毕竟他们不是这方面的专家。虽然国家相关部门一再出台政策，对明星代言广告进行规范和限制，也劝导消费者不要轻易地就认定明星所代言的产品就是优质产品，可消费者还是会轻易陷入权威的误区。

金庸小说《笑傲江湖》的男主角令狐冲，是一个普通至极的江湖小辈，他不具备陈家洛文武双全的贵公子风范，不具备郭靖为国为民的豪情和伟业，不具备萧峰叱咤风云的堂堂威风，也不具备韦小宝圆滑世故的齐人之福。他非常不起眼，从开始到最后他都不在意是否武功天下第一，然而，他却有一种其他人不具备的优秀品质，就是敢于反抗权威的斗争精神和勇气。正是他的不迷信权威，才最终使他在人心险恶的江湖中生存下来，最终才能和任盈盈归隐江湖，过上逍遥自在的生活。金庸刻画的这个在险恶的江湖中全身而退的人物有着明显的用意，在塑造了诸多复杂的悲剧人物之后，金庸用他的人生阅历告诉读者，对于权威应该始终保有一种警醒的态度，切不可盲目迷信，不然只会害人害已，成为权威的牺牲品。小说总是现实生活的折射。

对于权威来说，我们有必要认知某个领域里真正的权威。一个考古学家可以解决某件国宝的年代问题，却不能解决粮食的增产问题；一个生物学家可以解决生物的构造问题，却不能解决桥梁的抗压问题。术业有专攻，我们不能混淆权威，将专家在某个领域的权威误以为无所不能的权威。

在说服过程中，大家一定要注意分辨权威的真假，以此来减少损失，减少诉诸权威的谬误。

收起你那泛滥的同情心

在电视剧、小说中经常出现这样的场景，某人跪地求饶，说道："我上有八十岁老母，下有三岁孩童，我死了他们可怎么办呢？可怜了我的老母亲和孩子啊，孤苦无依，还望饶恕小人一条狗命！"你会怜悯求饶之人吗？

这种场景对戏外的我们来说似乎十分老套，不过是些骗人把戏，以诉说可怜来博取同情、求得活命的低级伎俩。其实，上边的这个场景是典型的诉诸怜悯。在诉诸怜悯的谬误中，大忽悠们通常利用种种方法博得人们的怜悯和同情，最后使人们忽视了原来正当或者正确的论点，从而接受了他们的论题。

诉诸怜悯谬误的论证形式很有意思："A是值得同情怜悯的，所以，关于A的命题P是对的。"这种论证显然是不符合逻辑，因为前提跟结论没有必然的关系。结论的真与假跟某人的不幸境况没有关系，人类同情心也不能被当作论断的逻辑理由。

在火车站广场上，一名年轻人光着上身，在冰冷的水泥地上趴着，左边的裤管空了一半。右脸贴着地面，前方有一个纸盒，他往前爬一步，就把纸盒往前推一步，天特别冷，他看上去非常可怜。很多路过的行人都纷纷往纸盒子里投钱，一毛、一块的，还有五块的和二十的。就这么一步一爬地转了几圈后，“断腿”男猛地坐了起来，在人来人往的广场上开始穿衣服，原本“断掉”的左腿也露了出来。很快，他穿好了衣裤，拍了拍身上和脸上的尘土，在周围人诧异的目光下，带着他的纸盒子扬长而去。

这是在一篇新闻中记者描绘的真实见闻，这种场景估计不少人都曾经遇到过。让我们同情、怜悯的残疾乞丐原来是一个体格健全的正常人，他只是以身体“残疾”来博取路人的同情，以此骗取钱财。这样的事情让亲历者们大跌眼镜。

记者对此很是不解，当他追问乞讨的年轻人时，对方的回答是，觉得打工钱太少，太累。他以这种方法每天只要“表演”一个多小时就够了，能挣到五六十元，非常自在。其余的时间就可以做别的，比如睡觉、去网吧上网、聊天、看电影。他还指望靠这种手段赚钱回老家娶媳妇。

这个乞讨年轻人以诉诸怜悯的方法引起人们的同情，致使人们产生错误认知，诉诸怜悯，最终拿出钱救济他。社会上很多的假乞丐都是通过这种方法谋取钱财的。

当人们面临在两个陈述中选择相信其中一个的情况下，往往会对陈述者的泪水产生怜悯，被催人泪下的陈述模糊了理性思考的视线，并且让感情取代理性做出裁决。

某小区有个女人，一天带孩子去买菜的时候，在菜市场给人抢走了孩子。整个事情策划得非常恐怖，让人难以预料。

一个老女人突然上来，对带小孩的妈妈又哭又叫："你这个不懂事的女人跑到这来了，可算找到你了，狠心的女人啊！"随后，一个长相斯文白净的小伙子上来就给那女人一巴掌，把女人打得晕头转向。继而，他开始推搡那个女的，嘴里说："孩子生着病，你带出来干啥？"

孩子妈妈只能不断退后，一个不小心绊倒在台阶上。见此，那个老女人就一边解开童车上的安全带，抱起小孩，一边继续唠叨说："孩子都病成这样了，你还带出来，真是的，哪有这样的妈妈啊！"此时，那个男的就更生气地打小孩的妈妈，小孩子哭个不停。那个男的就跟老女人说："走，赶紧带孩子去医院看病。"于是，老女人抱着孩子，男人骑摩托，就飞快地走了。孩子的妈妈在地上哭喊说不认识他们，结果围观的人都干看着，大家还以为是家庭内部矛盾。

直到骗子都没影了，妈妈哭得都没气了，大家才知道那俩人是抢孩子的。这个事件发生时，现场一点都看不出破绽，所有人都以为是家里人在吵架。

事件中犯罪分子太过狡猾了，他们很好地利用了围观者的怜悯心理。老女人假装是孩子的奶奶，哭着喊着说孩子生病了，孩子的妈妈还带孩子出来，这便很容易博得围观者的同情和怜悯。围观者会觉得孩子的妈妈狠心又不懂事，他们就会对孩子起怜悯之心，担心孩子的病情，会觉得奶奶带孩子去看病没什么不妥。同时，犯罪分子又出手打了孩子妈妈，孩子被吓得哭起来，围观者就会更加怜悯孩子，觉得这孩子太可怜了。而且，大家还进一步确信了来人是孩子的家属，这个问题是家庭内部问题，外人不好插手过问。就这样，犯罪分子利用围观者对孩子的怜悯心理，在光天化日之下将孩子抱走。

这一事件给我们的启示是：在遇到问题的时候，一定要理智地去判别，以免让一些犯罪分子有可乘之机。

关于“诉诸怜悯的谬误”，大家可能会有一个误解，觉得人类高尚的、不可缺少的同情心没有理由变成荒谬、谬误的东西。事实上，被人们赞美过的、值得赞美的人性绝不会成为谬误的，只有被有心人作为支持某论证、判断的根据时，它才会产生逻辑谬误。

在沟通过程中，有时说服者会被对方的“可怜”遭遇打动，结果同情心泛滥，从说服者变成了被说服者。虽然人应该有同情心，但是从结果来说，这种说服是完全失败的。

Part 08 不同场景，逻辑说服的高效实用战法

说服的范畴是很广的，不只是用于商品推销，也不只是用于开会，事实上，它早已经深入生活和工作的各个方面。如安慰、批评、拒绝、道歉、交涉等，都需要有说服力。可以这么说，若你缺乏说服力，在生活和工作的诸多方面都难免会遭遇不顺。

朋友失落，有逻辑的安慰换他心宽

当朋友遇到不幸时，该如何进行安慰，而不用担心说错话呢？例如，某个朋友生病，你到医院或他家看他，你通常会说：“安心休养吧，别想太多，一定会康复的。”或许，你以为这是最完美的安慰了。但在说服高手看来，这些话不过是一种电视上常见的善意客套话，不能算是说到对方心里的真心安慰。

如果这两句话是出自医生或陌生人口中，或许没有不妥。但如果这位病人是你人生或生活中很重要的人，你就不能用这种类似“路人甲”的台词了。这种套话不说还好，一旦你说了，搞不好你们的关系就此疏远了。那么，安慰别人时到底应该怎么说？

假设你的朋友躺在病床上不能走路，但精神很好。那么你去探病时就不一定要说什么安慰的话，有可能那些话他已经听得厌烦了。事实上，病榻生活是相当枯燥的，这时为他说说社会上的新闻、公司里的趣闻或者网络上的笑话，也许就是给他最大的安慰了。

表面上，你没有对对方做出任何心理上的安慰，也没有表现得对他的病情很紧张的样子，但事实上，你分析了他内心的最大需求，直接给他欢乐和情报，应该算是给予了对方你的关心了。

如果你一定要说几句安慰的话，也不要表现出怜悯的神情，没有几个人愿意接受别人怜悯的眼光。你越是同情他，就越让他觉得自己得病是一种痛苦和悲哀。不妨换一种说法看看。

比如：“唉！现在我都有点儿羡慕你了，有时间休息！我每天都快忙死了，也想生点儿病，好让自己安静地躺在床上休息几天。”听到这种话，对方也许会说：“就你会说，你是不知道生病的苦，我倒是想去工作呢。”心中忧虑也会散去不少。

如果朋友承受不了生活的折磨，无助地痛哭。这时，与其劝对方不要哭，还不如就让他好好地哭一场，宣泄一下悲伤的情绪。然后你再说几句贴心话，他才听得进去。

如果你只会说：“你这点苦算什么呢？何必这么烦恼啊？”你不仅没有给他安慰，反而会让他很不爽，甚至生气。因为他心里一定会想：“我的苦你懂什么？只会说风凉话，难道我是为了小事自寻烦恼吗？”

在别人遇到不幸的事情，需要安慰的时候，如果你不知道说什么好，那么就不能乱讲。要三思而言，要谋定而言。否则安慰朋友不成，反而多了一个敌人。特别是在没有弄清楚对方忧虑和烦恼的原因时，不要随便乱说话，不要急于下判断，特别不要轻易表达“反对”的意见，我们最好弄清楚事情的经过再说。

有的人为高考落榜而沮丧，有的人为工作失败而苦恼，也有的人为失恋而郁郁寡欢……人们有各式各样的烦恼，而消除这些烦恼的最快方法就是将烦恼说出来。烦恼如果不说出来，一直憋在一个人的心里，问题是永远无法解决的。

解决他人烦恼的心理咨询机构，最重要的任务就是必须使交谈者能够把憋在心里的话说出来，让谈话者说出他想说的，一旦把内心的烦恼都倾吐出来，问题就解决了一半。通常的情形是，交谈者刚开始进入房间时，脸上会带着疲惫的表情，但是等烦恼全部说出来之后，就会带着明朗的神情回去。

这种心理咨询的方法，也可以在日常生活中加以应用。把自己的烦恼坦白地告诉自己周围的人，也可以写信给亲密的朋友或恋人。

以下是安慰他人的一些技巧：

（1）学会聆听。注意，聆听不是保持沉默，而是仔细地听对方说了什么，没说什么，以及话里真正的含意。聆听，是用我们的耳和心去听对方的声音，不去追问事情的前因后果。当对方把烦恼说出来，心情就会好很多。

（2）停下来，弄清楚问题。对话的时候，如果我们没有听懂对方的话，一定要停顿下来，问问对方，把问题弄清楚。安慰的艺术，在于“在适当的时机，说适当的话”，以及“不在一时冲动下，说出不该说的话”。

（3）可以让对方尽情地哭泣。我们应该认同对方的痛苦，但不要试图快速驱散他的痛苦。要允许对方哭泣。哭泣是人体将情绪毒素排出体外的一种基本方式。所以，请别急着拿面巾纸给对方，只要让他知道你的心意就够了。

（4）感同身受。不要忘记，对方也会察觉到我们内心的波动。面对面地安慰人，效果如何同我们内心真正的状态有很大的关联。如果我们对他的遭遇感同身受，不仅会分担对方的痛苦，也需忍受自己内心的煎熬。而对被安慰者而言，这种感同身受的表现与安慰，就是给予他们的最好的礼物。

（5）坦诚表达你的感受。当我们因不知该说什么而感到困窘的时候，当对方对我们说“你根本不明白我的感受”时，我们可以老实地说：“我不明白你的感受，不知道自己该说什么，但是我真的关心你。”

（6）设身处地地想一想对方的感受。当我们问别人“有没有我可以帮忙的地方”时，有时候我们能得到答案，有时候对方也不知道自己需要什么样的帮助，而有的时候，他们会无法开口说出自己真正的需要。这时，你应该设身处地去思考他们到底需要什么样的帮助。

（7）推己及人。在对方遭受痛苦时，即使我们有过类似的经历，也无法百分之百地了解别人的感受，但我们可以用自己的感受去关怀对方。这样做，切记须先耐心地听完别人的故事，再想想有没有必要和对方分享自己的故事，分享的结果是否对对方有益。考虑清楚后再做决定。

最后要特别提醒你的是，在安慰他人的过程中，当对方提出一些我们不同意的意见时，不要说“反对”的话，你可以换个话题。给予安慰并不是告诉别人：“你应该觉得……”或是“你不应该觉得……”人们有权利保有自己的感觉。安慰他人时，不要对他们下判断，不要心想他们正在受苦、需要接受帮忙，而应该给予他们空间去做自己、并认同自己的感觉。最好不要透过“同意”或“反对”他们的选择或处理困境的方法，来表达关心。

巧追女孩，求爱也能讲逻辑

有人可能对这个话题不解，爱情都是浪漫美好的，怎么可能跟逻辑扯上关系呢？其实不然，逻辑有着强大的力量，它不仅给人类带来智慧，还能帮助人类收获爱情。尤其遇到那些智慧的姑娘，脑子不开窍的小伙子很可能就会错失一段姻缘。

在美国的普林斯顿大学里，一个男孩被一个漂亮的姑娘深深吸引，但是，他心里很担心对方会拒绝自己，所以一直没有勇气向她表白。一天，男孩终于想到了一个接近女孩的好方法。于是，他鼓起勇气，朝正在校园里看书的女孩走过去。

男孩很有礼貌地对女孩说："你好，我在这张纸条上写了一句关于你的话，假如你认为我写的是事实，那就麻烦你送我一张你的照片，好吗？"

女孩听到这里，就知道这又是一个找借口想追求自己的男生，像这样的追求者，她见得太多了，但是每一次她都能顺利摆脱，她想这一次也不会有意外。女孩心想：不管你写什么，只要我都说不是事实，那样不就行了吗？于是，女孩爽快地答应了男孩的请求。

“如果我说的不是事实，你千万不要给我照片！”男孩急忙说。

“那是自然！”女孩俏皮地回答。

随后，男孩把一张写好字的纸条递给女孩。女孩也胸有成竹地打开了纸条，但是很快她又皱起了眉头，因为，她绞尽脑汁也想不出拒绝男孩的方法，只好按照先前的约定将一张自己的照片送给男孩。

那个男孩到底在纸条写了什么内容呢？其实，他写的是一句非常简单的话：“你不会吻我，也不想把你的照片送给我。”

这个聪明男孩的名叫罗纳德·斯穆里安，当时正在普林斯顿大学读研究生，后来他成了美国著名的逻辑学家；而那个女孩，也顺理成章地成了他的妻子。这个浪漫的爱情故事跟逻辑密切相关，故事的结局告诉我们，是逻辑带来了智慧，是逻辑收获了爱情，逻辑的确有着神奇的力量。

还有一个故事上面这个故事有异曲同工之妙，其结局更是出人意料。

古希腊有个国王，决定要处死一批囚徒。在当时，有两种死法比较常见：一种是砍头，一种是处绞刑。用哪种刑罚来处死这批囚徒呢？国王决定让囚徒自己挑一种。挑选的原则是这样的：囚徒可以随便说一句话，而且这句话是立刻就能验证真假的。假如囚徒说的是真话，就处绞刑；假如说的是假话，就砍头。结果，大多数囚徒不是因为说了真话而被绞死，就是因为说了假话而被砍头；或者是因为说了一句不能立刻验证真假的话，而被视为说假话砍了头；或者是因为讲不出话来而被视为说真话处以绞刑。

在这批囚徒中，有一个家伙非常聪明。当轮到他选择死法时，他说了一句极为巧妙的话，结果使得国王既不能将他绞死，又不能将他砍头，只好让他活着离开。

打开你的思维，猜猜这个聪明的囚徒说了一句什么话。其实很简单，这个聪明的囚徒说的是：“我将会被砍头。”

先赞美，后批评，让下属欣然接受意见

心理学家指出，因为好的行为而受到奖赏的人，学习速度更快，记忆的持续力也更久；因为坏的行为而受到处罚的人，则速度和持续力都比较差。许多的证据显示，我们总是希望得到别人的赞扬，同样，我们也都害怕受人指责。很多时候批评不但于事无补，反而招致愤恨。

如果你的目的只是说服，那么请记住一句智慧之言：在你的批评、责备之语冲出口之前，一定要三思，因为盲目的批评和指责很难达到我们所要的效果，批评的效果远不如耐心的、心平气和的说服。

盲目的批评使人心生防备，并为自己的错误而辩护；它常常伤害一个人宝贵的自尊，伤害一个人的自重感，并激起他的反抗；它所带来的羞愤，常常使你的亲人和朋友的情绪大为低落。

1908年，罗斯福走出白宫，到非洲去狩猎狮子，同为共和党人的塔夫脱当选为总统。当罗斯福回到美国后看到塔夫脱的保守作

风，不禁暴跳如雷。

罗斯福开始公开批评塔夫脱，还准备再度出来竞选总统，并打算另组“进步党”。这几乎导致共和党的瓦解。

结果，在接下来的选举中，共和党只赢得了两个区的选票——佛蒙特州和犹他州，这是共和党有史以来最大的惨败。

面对罗斯福的指责，塔夫脱是否承认自己的错误呢？当然没有，他辩解道：“我不知道所做的一切有什么不对。”

既然批评会带来负面效果，那么，我们还需要批评吗？当然需要，只不过我们要注意批评的方式。如果我们能够采取恰当的批评方式，不仅能够化解冲突和矛盾，还能让人心甘情愿地接受批评。

批评被人拒绝的原因只有两种：第一，批评者不了解当事人的处境和造成错误的原因，使当事人感到委屈；第二，批评者站在权威性或高人一等的立场，使当事人感到自尊心受挫而对批评者产生强烈的反感。不管是哪种原因，实际上都是由于批评者不讲求说话的技巧而造成的。

陈总发现员工老梁最近频频出错，工作效率和业绩每况愈下。陈总并没有对老梁发出严厉的批评，而是趁中午午休办公室里没有人的时候，把老梁叫到了办公室。

陈总对老梁说：“老梁啊，好久没有和你好好聊聊天了，今天中午我正好不困，就占用你一些午休时间，咱俩好好聊聊！”

老梁笑了笑说："哦，好的。"

陈总说："老梁，你是一位非常出色的工程师，来公司好几年了，对公司做出的贡献，咱们公司所有人有目共睹：你设计出的图纸让客户非常满意，并因此为公司带来了很大的利益。对此，我代表公司谢谢你！"

说着，陈总停顿了一下，继续说道："只是最近，我感觉你出了一些状况。你完成一个工程图所需的时间好像延长了，而且质量也达不到以前的高水准，所以，我有些担心，怕你遇到什么困难。如果你遇到了什么难题，一定要告诉我，我们大家共同来解决……老实说，领导对你现在的这种状况不太满意，因为他们对你有更高的期望，所以，如果你真有什么难题无法解决的话，就说出来吧！大家帮你一起想想办法！"

老梁说："没有什么难题，只是我最近在工作上有些新的想法，这些想法导致我的工作进度变慢了，还好我现在已经摸索出来了。很快，我的工作效率会再上一个台阶，您就放心吧！非常感谢您和公司领导对我的信任，我一定会努力工作，不辜负大家的厚望。"

看，问题轻松解决！陈总肯定了老梁以往的成绩。虽然是批评，但他的批评让老梁很感动。能得到上司如此赏识，老梁自然觉得高兴，毫无疑问，他会做得比以前更好。

如果陈总没有采取这种说服方式，而是把老梁叫到办公室狠狠地批评一通，会出现什么样的情形？作为上司，这样做是很正常的。但作为下属，听到这样的批评，内心肯定不好受，脾气稍微不好的人，甚至可能根本不做解释，拍拍屁股走人了事。

陈总没有直接发表批评，而是采用了委婉地说服方法，不仅达到了批评的效果，同时又避免了负面影响，取得了非常好的效果。这是值得我们学习的做法：先肯定对方的成绩和优点，然后再提醒对方要注意的事情，这样的批评会更容易让人接受。

当一个人受到称赞以后，他再去听一些建议，会更容易接受——那事先的称赞就如同苦涩药丸外面的糖衣一样，包裹着批评，使得批评不再那么让人排斥。因此，无论在什么样的情形下，想走近别人，首先就要学会从赞美开始。赞美会给他人一个好心情，使双方很快打成一片。在这样的情形之下，说服计划将会很容易进行下去。

总而言之，批评不是泄愤，不能乱来，若你批评的目的，是为了让对方改正错误，那么你就应该想办法，让对方更愿意去接受你，而不是更讨厌你。以下方法可供参考：

（1）对人怀抱同情心，这样就不会对人吹毛求疵，反而会对其产生错误的原因加以谅解。而且，我们要时刻保持和对方站在同一立场的心态。

（2）说话要温和委婉，杜绝用刺激性或使人听了不舒服的字眼。如果语气令人无法接受，即使对方表面上接受了，心里也会不服气。

（3）话不在多，纠正他人的错误时说得越少越好，最好是一两句话就能使对方明白，然后将话题转到其他方面，不能喋喋不休，让对方产生窘迫甚至反感之情。

（4）面对别人的错误，我们加以指正是应该的，但同时更应该对其正确之处进行肯定或赞扬。这样才能使对方心理平衡，心悦诚服。

（5）在说服他人之前，最好的办法是让对方不知不觉地认可自己的想法，让他觉得是他自己改正了，而不是在你批评之后改正了，这一点非常重要。

（6）对于别人出现的不可挽回的过失，应该站在朋友的立场上恳切地指出来，使他真心地意识到自己的错误并改正，而不应该一味地指责。

（7）语气非常重要，指出别人的错误时最好用请教式的温和语气，没有任何人愿意接受他人自上而下的命令式的口吻。

（8）批评不一定要直言不讳，隐秘地指出他人的错误，能维护对方的自尊心，使他自觉地改正过失。

歉道对了，客户更愿信任你

很多人可能并没意识到，道歉也是一门学问。如果可以真诚、适时、适度地表达歉意，不仅可以体现个人的素养，也可以产生说服效果，对他人起到一定的激励作用。

在路边摊上，有一位客人在吃饭。他吃了几口后，突然往旁边吐出几粒生米。老板看见后，很不好意思地说："今天米饭煮得比较急，好像有些夹生，您是不是吃了很多生米？"

本来有点儿生气的客人懊恼地摇了摇头，微笑着说："没有关系，也有很多熟米。"后来，这位客人还来这里吃饭，因为他觉得这位老板是个厚道人。

当我们做错了某件事情的时候，大可不必回避过失，相反，坦然道歉并即时改正才算领悟了说服力的精髓。主动承认错误，你会得到更多。即便你得不到更多的好处，一句道歉，最起码可以消除人家心里的不快。

而假装没在意或者走坚持不道歉的强硬路线，不仅无助于保住个人的影响力，效果还适得其反，而倘若还找借口搪塞，更会遭到别人的鄙视。

当然，并不是说，你道歉了，就一定能够得到别人的原谅。如果不注意道歉的表达方式和态度，同样会惹人反感。

有个人在一家一流的银行里做领导，每次参加同学聚会的时候都会迟到，也许是想让大家都觉得他的身份地位不同了。

每次迟到，他都会说："不好意思，我刚才有一个管理层的紧急会议。"或者"公司的司机不怎么熟悉这儿的路。"然后摆出一副"我和你们不一样，我很忙，本来今天都不能来了"的架势。

这种摆派头的做法只会让同学们都皱眉头。因此，同学们对他的评价很不好，觉得他看不起人，甚至还会有人咒他："那副德行，早晚有摔下来的一天！"

而另外有一位先生，他虽然也迟到了，却没有人对他有意见。非但没有意见，大家还都很同情他。他是一家证券公司的管理人员。

有一次，他迟到了一个小时。他是这样致歉的："实在对不起，说起来都不好意思。现在证券业不好做，今天又出了件麻烦事。公司不景气，不能随便用车，坐地铁换车又换错了。真是对不起大家了！"

听了他的这一番解释，其他人心里会犯嘀咕："真的还是假的呀？"但也不会生气。甚至一些人还会报以同情，发出感叹："唉，真是不容易呀！现在大家都不容易啊！"

不去为自己找一些冠冕堂皇的借口，而是把自己的失败、不如意告诉大家。大家想：“原来证券公司的领导和自己一样会犯错误，也不容易呀！”于是大家的心理也就平衡了。

同样是致歉，但是因为解释的方式不同，一个人引起大家的反感，而另一个人却赢得了同情。所以，在致歉的时候，一定要注意方式和态度，如此才能得到大家的原谅。

下面是致歉时需要注意的几个要点：

（1）道歉需要及时。有心理学家指出，做错事后不应过急或太迟做出道歉，最佳“道歉时机”是在犯错后的10分钟至两天之内。如果有些客观因素导致不适合在当下道歉，那么也不宜将时间拖得过久，最晚不要超过一周。否则，一旦对方心中的积怨已深，那么你的道歉效果将会大打折扣。但如果双方都在气头上，立刻道歉的效果也好不到哪里去。在冷静过后的第一时间道歉，才是最为理想的选择。

（2）可以试着用这样的句式：“刚才的事情是我的态度不好，让你受委屈了，我真诚地向你道歉……”在你的道歉中，要包含有几个元素：第一，勇于承认自己的过失，不找借口；第二，认同对方的情绪，因为认同感会起到缓解“疼痛”的作用；第三，真诚地道歉后，试着给出补救办法。

（3）端正自己的态度。千万不要一副“我都向你道歉了，你还想怎样”的态度，那么对方反而会更反感你的行为。态度，决定了道歉的效果，哪怕仅仅一句“我很抱歉……”

（4）选择恰当的道歉方式。如果错误对工作造成了一定的影响，那么比较适合在会议这样的公开场合上进行道歉。这不仅有助于表达你的实事求是的工作态度，还有利于弥补和推进工作的进展。而对于私人之间的摩擦，比如：因为某种态度、用词不妥、沟通不畅而导致的误会，可以适当选择电话或电子邮件的方式进行沟通，或者是私下里进行面对面的交流，效果会更好一些。

尤其对于行事低调和内敛的人来说，在私下的空间，能让双方在较平静的状态下进行沟通。这样既不会在公众面前张扬和放大彼此之间的恩怨，也可以使彼此之间的私人感情慢慢滋养起来。

（5）不要和解释混为一谈。当我们迈出道歉第一步的时候，很容易忽略了自己的初衷。但请不要忘了，别人只有义务接受你的道歉，可没有义务连带你的解释一同接纳。所以，关于那些你为什么会犯错、当时受到哪些不可控因素的限制等的解释，不必详说，哪怕其实你已经做了应急处理将损失降低到最小化，也请你收起所有的委屈和借口，道歉就是道歉，你为错的那部分道歉是完全必要而且合理的。至于其他的问题，你可以重新找机会和对方沟通。

（6）道歉应点到即止，不能过度。不可否认，每个人对于他人犯错后的态度也不尽相同。有的人会表现得豁达和体谅，相信对方会自省；而有的人会气急败坏，故意把事情闹大，甚至更会提出无理的要求。因此，道歉也需要把握“度”，要点到为止而不宜太过自责和夸大，免得对方得理不饶人，对你不依不饶，甚至故意要挟你。道歉只要简短有力即可，而接下来的着力点就是你的解决办法。

（7）用清楚而正确的语言，而非煽动性的文字。通常，受伤害者要的无非是你承认错误，并且表明以后不会再发生此类伤害。因此，如用文字去道歉时，必须注意避免过多情绪性的字眼，在这个时候不适合煽情，因为那对你们并没有帮助，还可能让人觉得你的诚意不够。比如，有的人摆出一副凄凄惨惨的样子去道歉，实际上很让人讨厌，虽然这样可能会让人放过你的过失，但是同样会让人讨厌你并远离你。道歉的重点在于：发出清楚、直接、诚恳的道歉讯息。

（8）不要立刻自以为是地做出自我批评。对自己做出严厉的自我批评，有时可以让你得到好评，有时只会弄巧成拙，让人觉得你很矫情。因此，不要随便做自我批评，而应在道歉之余，主动征求对方有没有好的解决方案。

（9）给对方发泄不满的机会。不要光顾着自己的道歉，而应尽量让对方说出对你的不满之处，这总比积压在心里强。道歉可以说是一个最好的契机，可以让对方尽快释放出心理垃圾，否则不满淤积在胸中，数年不散，你们将永远保持着貌合神离的状态。

最后，要告诉你的是，道歉是一门说服的艺术。如果你真正掌握了这一说服方法的精髓，那么你就应该了解，不但是一件事情会有坏结果，一件产品会有缺点，而且一个人也会有做错事情的时候。若你犯了某种错误，而能够坦诚的话，往往会得到别人的信任。

终极博弈，赢得讨价还价之争

古语云“世事如棋”，生活中的每个人都是棋手，每一个行为就像在一张看不见的棋盘上布一个子，精明慎重的棋手们相互揣摩、相互牵制，人人争赢，下出诸多精彩纷呈、变化多端的棋局。要想在讨价还价的对弈中胜出，不懂博弈是不行的。

在商场竞争中，不管是日常的商品买卖，还是国际贸易乃至重大政治谈判，都不能免于讨价还价的问题。比如，中国加入WTO的时候，为了国家或民族利益跟许多发达国家讨价还价，进行了漫长而又艰难的入世谈判。从这个漫长过程的谈判中，我们不难发现：讨价还价的过程实际上就是一个谈判的过程。比如，发达国家首先对中国提出一个要求，中国决定是否予以接受，如果中国不接受，可以提出一个新的建议，或者等待发达国家重新调整自己的要求。这样，谈判双方相机行动，轮流提出各自的要求，形成了一个多阶段的动态博弈。

在商场谈判中，当谈判的多阶段博弈处于单数阶段时，先开价者具有“先发优势”；而处于双数阶段时，后开价者具有“后动优势”。这种现象在商场竞争中非常多见：非常急切想买到物品的买方，通常会以高一些的价格购得所需之物；急于推销货物的销售人员，通常会以较低的价格卖出自己所销售的商品。因此，富有购物经验的人买东西、逛商场时总是不紧不慢，就算内心特别希望买下某种物品，也不会在店员面前表现出来；而富有销售经验的店员们总是沉着地对顾客说“这件衣服卖得很好，这是最后一件”之类的推销辞令。

有这样一个故事：

一个穷困潦倒的书生为了维持生计，准备把一幅字画卖给当地的大财主。书生觉得这幅字画至少值200两银子，而财主从另一个角度考虑，觉得这幅字画最多只值300两银子。从这个角度看，假如能顺利成交，那字画的成交价格应该在200～300两银子之间。要是把这个交易的过程简化为这样：由财主开价，书生选择成交或加价。如果财主同意书生的要价，那交易顺利结束；如果财主不接受，那交易就结束了，买卖也就做不成了。

这是一个很常见的两阶段动态博弈的问题，应该借助动态博弈问题的倒推法原理来分析这个讨价还价的过程。由于财主觉得这幅字画最多值300两银子，因此，只要书生的要价不超过300两银子，财主就会选择接受书生的要价。但是，从博弈情况来看，书生会拒绝由财主开出的任何低于200两银子的价格，假如财主开价290两银子购买字画，书生在这一轮同意的话，就只能得到290两银子；假如书生不接受这个价格，那就有可能在第二轮博弈中将价格提高到299两银子，这时财主仍然会购买字画。从人的不满足心来考虑，书生选择加价的可能性加大。

在这个例子中，假如财主先开价，书生后加价，那卖字画的书生很可能获得更大的收益，这正是后出价所具备的“后发优势”。

事实上，假如财主具有博弈思维，那他可以改变策略，要么后出价，要么先出价但不允许书生讨价还价。如果书生不答应一次性出价，财主就坚决不会再继续谈判来购买书生的字画。这个时候，只要理清价位，即便不成交，那书生便一文钱也拿不到，只能继续受冻挨饿。从博弈的角度分析，书生妥协的可能性很大。

商场中随处可见利益之战。每一次的讨价还价，都类似书生与财主之间的卖与买，都是一个博弈的过程。假如能够运用博弈理论，就有更多的机会成为胜出的一方。

在商场讨价还价时，著名的最后通牒博弈也经常会用到。有一个关于分蛋糕的故事：假设有两个朋友在分一块蛋糕，如何分配才能保证公平合理呢？有一个很简单的办法，就是一方将蛋糕一切两半，另一方则选择自己想要的那一块蛋糕。我们不妨先假设甲方负责切蛋糕，而乙方则优先在两块蛋糕中选择一块。很显然，在这种切蛋糕的规则下，甲方一定尽量把蛋糕切得大小相同。这就是著名的最后通牒博弈。

语言逻辑训练，培养沟通感很重要

东方人以内向、羞涩而著称，从大家对业务人员的憎恨和业务工作的鄙视可见一斑。几千年来，我们一直所倡导的就是“书中自有黄金屋，书中自有颜如玉”“万般皆下品，唯有读书高”。既然读书能带来一切，我们自然不需要去交际，于是，无数的书呆子就这样出现了。时至今日，我们还是没能彻底摆脱书呆子的教育模式。

随着经济全球化进程的加快，中国人开始认识到交际的重要性，并急于摆脱束缚自己发展的固有思维。语言逻辑专家提出，在平常生活中，造成说话沟通困难的原因主要来源于说话中双方沟通感的缺失。那么，这个沟通感又是什么呢？

所谓的“沟通感”，简单地说，就是一种善于维持对话并理解对方话语的能力。沟通感在人与人的交流中起着重要作用，如果想提高自己的交际能力，我们就要培养自己的沟通感。经过长期的总结，语言逻辑专家为沟通感欠佳的人带来了三大法宝。

一、做加法

到底什么是“做加法”呢？顾名思义，就是在跟人交流的过程中，把对方之前说过的话简单地归纳，然后以加法的形式整合出来，以便自己更好地把握对方的意思，进而从容应对。

午休时间，小张和小马在一起讨论热门话题——伊拉克战争。

小张：“你觉得为什么美国要打伊拉克？”

小马：“这还用说，当然是为了石油啦。”

小张：“其实，我觉得跟萨达姆公然反抗美国有关。”

小马：“也有可能是美国的大国利益使然。”

小张：“我觉得还有其他原因。”

这个时候，一直坐在旁边听他们说话的老赵说：“我觉得美国攻打伊拉克应该有这么三个原因，一是政治上的大国利益，二是经济上的石油利益，三是所谓的‘人权’上的道德利益。”

老赵的概括性发言立刻得到了大家的认可。

其实，老赵只是做了一件很简单的事情，把小张和小马的话总结起来概述而已，但是他运用了逻辑说话术里的“做加法”。这个方法看似艰涩难懂，实际上非常简单，相信你只要在生活中多加运用，就可以轻易掌握，成为一位概括能力强的语言逻辑高手。

二、踢皮球

有一种现象在平时的沟通中很普遍，那就是在沟通双方之间经常有暂时的“不同步”。比如：

“你刚才说的话确定是和我讲的吗？”

“我们明明在讲这个话题，为什么突然跳跃到其他话题了？”

“刚才的问题还没回答我，怎么就把话题岔开了？”

在日常的说话中，我们和别人的对话就像一个无休止的“皮球游戏”——我们先抛出一个皮球，不久之后得到对方的回应，然后对方再把皮球踢给我们……之所以会出现上面那些对话“不同步”的问题，就是因为参与者们不专注，忘了注意皮球什么时候该踢回去，等对方催我们踢球时，我们才发觉出了错。

所以说，我们在说话中要懂得“礼尚往来”，不能让皮球落空，游戏中断了，沟通自然会不顺畅。

三、品味“肢体语言”

当然，不要简单地以为会说话就可以练就异乎常人的逻辑能力，一个真正的交际达人在话语中不可缺少的还有丰富、有力的肢体语言——它是人与人交流时用到的另一张“嘴”。只有把握好自己和别人的肢体语言，我们在沟通的过程中才能更加得心应手。

有一次，刚子看了一部电影之后特别兴奋，急切地想要跟公司的同事分享。

午间休息，刚子看到上司王经理，于是便端着咖啡走过去说：“我最近看了一部很不错的电影。”

但是，王经理连看都没多看刚子一眼，只顾埋头，边做自己的事情，边听刚子说话。没多久，刚子觉得没意思，丢下一句“打扰了，你忙吧”，就离开了。

过了一会儿，刚子又找了部门的另外一个同事老邢。

刚子说：“邢哥，我昨天看了一部非常不错的电影。”

结果老邢目不转睛地盯着刚子，两手交叉地听刚子说话。

刚子见状，边说话边在心里嘀咕：“这么严肃，是不是我说的有很多不对啊。”于是，急忙找了借口走了，连话都没说完。

接下来，刚子又找了美女同事丽丽。

谁知道丽丽小姐一听说刚子看了这部电影，就滔滔不绝起来，“哦，那部电影啊，我也看了，真是烂透了，演员都不知道在干什么，全部都在大屏幕上神游……”

最后刚子只能失落地回到自己的座位上。

在生活中，我们也常常遇到像刚子一样的情况，因为不了解对方的一些肢体语言，而曲解了对方的意思，使得对话无法进行下去。肢体语言能从侧面反映人际交往时的个人态度，因此，我们非常有必要学会用肢体动作配合语言，这样一来，我们就可以让自己的表达更加形象生动，也能让对方更好地理解我们的话语。

我相信，坚持按照这三点去做，过一段时间之后，你会发现自己的语言更有逻辑了，而且在人群中越来越有话语权了。